Mario Baumüller

Ethisch-ökologische Bankgeschäfte

Die Anforderungen und Wünsche des Kunden

Diplomica Verlag GmbH

Baumüller, Mario: Ethisch-ökologische Bankgeschäfte: Die Anforderungen und Wünsche des Kunden. Hamburg, Diplomica Verlag GmbH 2013

Buch-ISBN: 978-3-8428-9768-7
PDF-eBook-ISBN: 978-3-8428-4768-2
Druck/Herstellung: Diplomica® Verlag GmbH, Hamburg, 2013

Bibliografische Information der Deutschen Nationalbibliothek:
Die Deutsche Nationalbibliothek verzeichnet diese Publikation in der Deutschen Nationalbibliografie; detaillierte bibliografische Daten sind im Internet über http://dnb.d-nb.de abrufbar.

© Diplomica Verlag GmbH
Hermannstal 119k, 22119 Hamburg
http://www.diplomica-verlag.de, Hamburg 2013
Printed in Germany

Widmung

Dieses Fachbuch widme ich meiner Ehefrau Bianca, die unendlich viel Verständnis für die fehlende Familienzeit während des Schreibens aufgebracht hat. Und unserem Sohn Paul, der währenddessen mit einem schweren Herzfehler zur Welt kam und mittlerweile der Sonnenschein der ganzen Familie ist. Liebe und Dankbarkeit sind die zwei essentiellen Kräfte in unserer Welt und dank euch sitze ich direkt an der Quelle.

INHALTSVERZEICHNIS

1. Management Summary

Eine nicht zu unterschätzende Anzahl von Bankkunden gibt sich mit den heutigen Angeboten der konventionellen Finanzindustrie nicht mehr zufrieden. Die Kunden können den Begriff ethisch-ökologisch, jeder für sich mit eigenen Worten, genau definieren. Im Wesentlichen beinhaltet dieser die Nachhaltigkeit, einen Nutzen oder Mehrwert für die Gesellschaft und den Schutz der Umwelt.

Die Kunden suchen nach sinnstiftenden Möglichkeiten Geld zu sparen um damit gleichzeitig etwas Gutes zu tun. Wie die Finanzierung eines Windparks, einer Photovoltaikanlage oder auch eine Nahwärmeheizung die mit Biomasse aus erneuerbaren Energien betrieben wird.

Unternehmer die ein ethisch-ökologisches Projekt finanzieren möchten, schauen sich den Kreditgeber genau an und wählen aus Überzeugung einen Finanzierungspartner aus der Region, der im besten Fall auch noch Geld aus einem eigenen ethisch-ökologischen Sparkreis zur Verfügung stellen kann.

Die heutigen Konsumenten von Finanzprodukten wünschen sich größtmögliche Transparenz in der Produktgestaltung und Ehrlichkeit in der Kommunikation. Die größeren Finanzskandale der letzten Jahre haben diese Entwicklung noch beschleunigt.
Es braucht dazu weder eine völlig neue Bank, noch neue Berater. Die Kunden wünschen sich eine kleine spezialisierte Abteilung die mit einem ausgewogenen und durchdachten Produktmix die Wünsche nach ethisch-ökologischen Finanzprodukten bedienen kann.

Hat man als Bank die Möglichkeit eine Abteilung für ethisch-ökologische Finanzprodukte einzurichten, sollte man diese Chance wahrnehmen. Im Vordergrund stehen hier die Verantwortung der Bank und ihren Mitarbeitern gegenüber der Gesellschaft, der Realwirtschaft und der Umwelt.

2. Persönliche Motivation

„A jeder woass, dass a Geld net auf da Wiesen wochst und essen kann ma's a net aber brenna tat's guat, aber hoazen toan ma Woazen und de Ruabn und den Kukuruz und wann ma long so weiter hoazen brennt da Huat."

Hubert von Goisern – „Brenna tuats guat"

Der Oberösterreichische Musiker, Hubert von Goisern, ist bekannt für seine gesellschaftskritischen Texte und skizziert damit die aktuelle Finanzkrise wohl aufs vortrefflichste. Viele Menschen sind der Meinung, dass Geldeinkünfte, also Zinsen aus Kapital, aus dem Nichts entstehen. Doch dafür muss jemand hart arbeiten und selber Zinsen abliefern. Es muss an dieser Stelle nicht erwähnt werden was davon zu halten ist wenn Nahrungsmittel zur Profitsteigerung in Treibstoffe verwandelt werden, während ein nicht unerheblicher Teil der Menschheit hungert.

Als Kundenbetreuer bei einer genossenschaftlich organisierten Raiffeisenbank, beschäftige ich mich schon aus der Natur der Sache mit ethischen und nachhaltigen Themen. Unsere Kunden kommen sowohl aus den ländlichen Einzugsgebieten als auch aus den umliegenden Städten. Aber viele haben eines gemeinsam, sie haben sich bei der Wahl der Hausbank bewusst für eine Regionalbank entschieden.

Doch seit dem Ausbruch der größten Finanzkrise der letzten Jahrzehnte hat sich vieles verändert. Das Banken-Bashing der Medien hat bei den Kunden Spuren hinterlassen. Die Regionalbanken wurden in einen Topf mit den großen Investmenthäusern geworfen. Letztere haben den weitaus größeren Anteil an der Krise zu verschulden. Diese haben aber in der Regel sehr wenig bis gar keine Privatkunden und somit auch keinen Kontakt zum Endverbraucher der zahlreichen Finanzdienstleistungen.

So kommt es, dass auch das Angebot der kleineren Banken hinterfragt wird. Entspricht es noch den Ansprüchen der Kunden? Weiß der Kunde was mit seinem Geld passiert das auf dem Sparbuch liegt? Möchte er es wissen? Wofür soll das angesparte Kapital verwendet werden?

Es sind genau diese Fragen die mich zu diesem Thema motiviert haben.

"Eine globale, nachhaltige Entwicklung erfordert eine aktive Beteiligung der international wie lokal agierenden Wirtschaftsakteure. Finanzdienstleister haben einen bedeutenden Einfluss auf Unternehmen und Märkte und nehmen daher eine entscheidende Rolle ein. Es stellt sich die zentrale Frage, wie dieser Einfluss positiv genutzt werden kann, um eine nachhaltige Entwicklung zu forcieren."[1]

Aber es mehren sich kritische Stimmen die eine tiefgreifende Reform der Finanzmärkte und der Finanzindustrie für immer unwahrscheinlicher halten. Durchtauchen und genau so weitermachen ist angesagt. Aus wirtschaftsethischer Sicht muss darauf verwiesen werden, dass die Finanzwirtschaft eingebettet ist in ein gesellschaftliches Ganzes und keinen Selbstzweck an sich darstellen kann und darf. Die Banken haben in Hinblick auf eine verantwortungsvolle Lenkung der Kapitalströme und in Bezug auf ihre Rolle als gesellschaftliche Akteure eine große Verantwortung.[2]

Banken haben also große Macht und den nötigen Einfluss um in der Wirtschaft etwas zu bewegen. Die Frage ist ob es der Kunde möchte und auch fordert. Und wie werden die Banken darauf reagieren?

Einen Teil dieser für mich sehr spannenden Fragen, möchte ich mittels dieser Untersuchung beantworten.

Für einen angenehmen Lesefluss wird die jeweils gewohnte Art von Anrede für Personengruppen verwendet und auf das moderne Gendering verzichtet. Es dürfen sich sowohl weibliche als auch männliche Leser angesprochen fühlen, es erfolgt dadurch keinerlei Wertung.

---

[1] Busch und Orbach 2003, S. 3
[2] Gabriel 2009, S. 3

3. Das Problem

3.1 Problemnachweis

Ist es nur ein Gefühl, eine Intuition, oder gibt es tatsächlich eine Diskrepanz zwischen den Wünschen der Kunden und dem Angebot der Banken? In diesem Kapitel wird versucht für das subjektive Empfinden von erhöhter Nachfrage nach ethisch-ökologischen Finanzprodukten einen Nachweis zu finden. Dafür wurden Recherchen in wissenschaftlichen Arbeiten, Fachbüchern, Hochschulschriften, Internetartikel und Medienberichten angestellt.

<u>Die größte Finanzkrise der Nachkriegszeit</u>

"In den Jahren vor dem Beginn der Finanz- und Wirtschaftskrise schien das Wirken und Agieren des Wirtschafts- und Bankensektors kaum moralischen, sozialen oder ethischen Prinzipien zu unterliegen. Nahezu ausschließlich ging die Führung einer Bank im Schwerpunkt von finanzmathematischen Kennzahlen aus."[3]

Die seit 2008 anhaltende Finanzkrise hat die Banken in den Fokus der breiten Öffentlichkeit gerückt. Sie wurden von den Medien, der Wirtschaft und Politik als die Verursacher gebrandmarkt. Diese Ideologisierung gegenüber der Finanzwirtschaft kommt nicht von heute auf morgen. Zum Teil sind dafür verantwortungslose, eigennützige und maßlose Führungskräfte in Banken verantwortlich. Andererseits gibt es auch eine historisch tiefgreifende Abneigung gegenüber dem vermeintlich unproduktiven Sektor der Finanzwirtschaft.[4] Die Entkoppelung des Finanzmarktes von der Realwirtschaft ist ein sozialethisches Problem. Die Trennung von realwirtschaftlich genutztem und spekulativ eingesetztem Kapital wird als zentrale Ursache der aktuellen Finanzkrise gesehen.[5]

---

[3] Münchow et al. 2011, S. 1
[4] Griepentrog 2010, S. 103ff
[5] Gabriel 2011

Das klingt alles noch sehr abstrakt und ist für den einzelnen Kunden nicht greifbar. Menschen nehmen eine bestimmte Wertehaltung ein. Diese umfasst verschiedene Bereiche des Lebens, unter anderem auch die Frage, wem gebe ich mein Geld zu Veranlagung. Es ist für den Investor wichtig ob seine veranlagten Beträge zur Umsetzung von Projekten verwendet werden die seiner Wertehaltung entsprechen.[6] Geld verdienen per se ist ja nicht unanständig, es darf nur nicht zulasten anderer gehen. Es wird dabei das klassische Veranlagungsdreieck Ertrag, Sicherheit und Verfügbarkeit um die ethische Dimension erweitert.[7]

Die falsche Ethik

Ethik als allgemeiner Wirtschaftstrend boomt und lockt mit unzähligen Schriften und Kodizes in ein Zeitalter des fairen Interessenausgleichs. Doch der Schein trügt. Ethik wird missbraucht für das ungestrafte Ausleben selbstsüchtigen Verhaltens sowie zum Rechtfertigungsgrund für die Verschärfung kapitalistischer Maßnahmen zur Steigerung der Produktivität und des Shareholder Value.[8] Ethik darf also nicht nur vorgegeben sondern muss auch gelebt werden. Nur weil etwas Legal ist muss es nicht gesellschaftlich richtig sein.

Es besteht in Bezug auf die Finanzierung von gesellschaftlich schädlichen und ökologisch riskanten Projekten eine erhebliche Diskrepanz gegenüber den selbst formulierten Leitbildern und auferlegten Richtlinien.[9] Die Banken sind ein entscheidender Akteur mit sehr großem Einfluss auf Unternehmen und Märkte. Und mit großer Macht, geht auch große Verantwortung einher.[10]
Das große Geld regiert die Welt, nicht nur ein Spruch sondern harte Realität. Dort wo Rendite lockt wird die Realität so lange verbogen bis sie wieder ins Leitbild der ethisch korrekten Finanzierung oder Veranlagung

---

[6] Bergauer 2011
[7] Bergauer 2011
[8] Gerke 2005, S. 1
[9] Gabriel 2009, S. 2
[10] Busch und Orbach 2003, S. 9

passt. Hier fehlt es oftmals an der nötigen Transparenz. Was nicht zu Letzt auch an der schieren Größe der Institute scheitert.

„Besonders krass im Widerspruch stehen Kapitalmarkt und Ethik. Was am Kapitalmarkt unter Ethik verstanden wird, entpuppt sich bei näherem Hinsehen als kaufmännische Regel zur langfristigen Sicherung der gegenseitigen Geschäftsfähigkeit. Verstöße gegen diese Normen führen zur Ächtung. Börsianer und Banker akzeptieren Börsenregeln und Kapitalmarktgesetze. Eine uneigennützige Moral haben sie nicht. Jesus vertrieb die Händler aus dem Tempel. Heute bauen sie sich ihre eigenen."[11]

Prof. Gerke geht hier mit den Banken besonders hart ins Gericht. Sobald es eine Möglichkeit gibt Regularien legal zu umgehen, werden sie auch so lange genützt bis sie wieder geschlossen oder geändert werden.

Ein Beispiel dazu ist die britische Börsensteuer, die wenige außerhalb Großbritanniens kennen. Genannt „Stamp Duty Reserve Tax" und existiert seit 1986. Eine Steuer die bei jedem Aktienkauf, einer AG die in Großbritannien gelistet ist, fällig wird. Allerdings wird die Steuer nicht auf Derivate oder Finanzwetten eingehoben. So gelten die Briten als die Erfinder der CFD (Contract for difference) oder auch dem Spread Betting, beides eine Art von Barausgleich von Kursdifferenzen bei Kauf und Verkauf von Aktienderivaten. Ein größtenteils unregulierter Millionenmarkt, was die Erfassung einzelner Transaktionen betrifft.

Ein Umdenkprozess beginnt

Es findet bei den Kunden ein Umdenken statt. Sie geben den renditeorientierten traditionellen Banken eine ursächliche Schuld an der Finanz- und Wirtschaftskrise.[12] Banken sind aber auf gesellschaftliche Akzeptanz angewiesen. Diese zu erreichen und zu erhalten oder sogar zu verbessern sollte Teil der gesellschaftsorientierten Bankpolitik sein.[13]

Seit Beginn der Finanzkrise leiden die Banken an erheblichen Vertrauensverlusten seitens der Kunden. Zusehends gerät die vertriebsorientierte

---

[11] Gerke 2005, S. 2
[12] Münchow et al. 2011, S. 8
[13] Schuster 1997, S. 3

und von Eigeninteressen bestimmte Kundenberatung in die Kritik der Gesellschaft. Daher ist es nicht verwunderlich, dass ethisch und sozial ausgerichtete Banken zunehmend an Bedeutung gewinnen.[14]

Abb. 1: Vertrauenskrise Banken

Ein weiteres nicht unwesentliches Problem. Es wird kritisiert das Banken mit scheinbar billigen und in Wahrheit teuren Ratenkrediten bzw. Leasingfinanzierungen zur massiven Verschuldung privater Haushalte beitragen.[15] Hier arbeiten der Handel und die Banken Hand in Hand. Eine komplette Schuldzuweisung an die Finanzdienstleister wäre hier nicht angebracht. Erst die verführerische Werbung und ein ausgeklügeltes Produktmarketing lassen den Kunden bei seiner Hausbank um eine Finanzierung anfragen.

Auswirkungen ethisch-ökologische Richtlinien

Werden bei der Kreditvergabe, ethische, soziale oder ökologische Grenzen berücksichtigt, ergibt sich zwar für die Bank kurzfristig ein Rückgang

---

[14] Münchow et al. 2011, S. II
[15] Gabriel 2009, S. 1

der Rentabilität, vermindert jedoch langfristig negative betriebswirtschaftliche Folgen.[16] Gemeint ist hier eine Reduzierung der Risikofinanzierungen mit schlechter Besicherung die eine höhere Verzinsung mit sich bringen. Typischerweise findet man diese im Kommerzbereich mit niedrigen Eigenkapitalquoten. Hier ist ein Ausfall wahrscheinlicher als zum Beispiel bei der Finanzierung eines nachhaltig ökologischen Windparks der nicht die Gewinnmaximierung verfolgt sondern die umweltfreundliche Versorgung seiner Abnehmer auf möglichst lange Zeit.

Fehlendes Produktwissen

Ethische und nachhaltige Veranlagungsmöglichkeiten werden häufig nur als Ergänzung der Produktpalette gesehen und der Informationsstand der Kundenberater über diese Produkte ist meist sehr bescheiden.[17] Diese Produkte werden alibihalber ins Beratungsportfolio aufgenommen, es könnte ja doch mal jemand danach Fragen. Angeboten bekommt man solche Veranlagungen aber meist nur in darauf spezialisierten Banken oder Filialen. Hier dürfte wohl auch der Ertragsanteil für den Vermittler eine Rolle spielen.

Krisenbedingte Verunsicherung führte bei Privatanlegern dazu, dass Einlagen in erheblichem Umfang von renditeorientierten Privat- und Großbanken abwanderten. Sparkassen und Genossenschaftsbanken verzeichneten im gleichen Zeitraum deutliche Zuwächse im Einlagengeschäft. Deren existierende Verbundhaftung vermittelte Kunden eine zusätzliche Sicherheit.[18] Ein Argument das nicht nur im Marketing existiert ist die gegenseitige Haftung der angesprochenen Banken.
Fällt eine Bank einigen großen Kreditausfällen zum Opfer, springen die restlichen für sie ein. Der einzige Schwachpunkt ist ein totaler Zusammenbruch des Kreditmarktes, allerdings darf dann auch an der Einlagensicherung des Staates gezweifelt werden.

---

[16] Franz 2005, S. 1
[17] Gabriel 2009, S. 2
[18] Münchow et al. 2011, S. 8

Ethik in der Ausbildung

Selbst in Business Schools und postgradualen Bildungseinrichtungen ist man mittlerweile der Ansicht, dass man ein Stück weit zur aktuellen Finanzkrise beigetragen hat. Es werden MBA Programme auf ihre Nachhaltigkeit überprüft und wenn nötig nachgebessert. Die Ausrichtung alleine auf die Eigenkapitalmaximierung darf nicht oberstes Gebot sein. Weniger Shareholder, mehr Stakeholder, also mehr gesellschaftliche Verantwortung, lautet die Devise.[19]

Ethisch orientierte Banken bieten Alternativen. Im Zentrum der Geschäftspolitik steht wieder das klassische Einlagen- und Ausleihungen Geschäft und das verantwortungsvolle Wirtschaften ohne Spekulationen. Dabei erfolgt die Thematische Konzentration auf den Menschen und dessen Ökologie.[20]

Positive Beispiele für steigende Nachfrage

Die GLS, Gemeinschaft, Leihen, Schenken, existiert seit 1974 und bietet ihren 500.000 Kunden in Deutschland umweltbewusste und ethisch-moralisch vertretbare Geldgeschäfte. Transparenz steht ganz oben. Im hauseigenen Bankspiegel wird jeder Kredit, den die GLS vergibt, in Höhe, Empfänger und Verwendungszweck veröffentlicht. Wer Geld haben möchte, muss dem zustimmen.[21]
Die Umweltbank hat sich verpflichtet das Geld ihrer Kunden ausschließlich in ethisch-ökologische Projekte zu investieren. Finanziert werden damit Projekte aus den Bereichen Solarenergie, ökologisches und soziales Bauen, Wind- und Wasserkraft, Biomasse etc. Gestartet mit einer Vollbanklizenz im Jahr 1997 verzeichnet das Institut jährlich 2-stellige Zuwachsraten bei der Bilanzsumme.[22]

---

[19] Ilg 2012
[20] Münchow et al. 2011, S. 8
[21] Schraven 2007
[22] Wikipedia 2012b

Die Finanzkrise ist eine zu große Katastrophe als dann man sagen könnte sie ist ein Glücksfall für manche, aber die Ethikbank (Online Ableger der Volksbank Eisenberg) kann im Jahr 2009 auf die besten Monate ihrer Geschichte zurückblicken.[23] Wie jede andere Bank arbeitet die Ethikbank mit den Kundengeldern an Wertpapier- und Kapitalmärkten, allerdings nach bestimmten ökologischen und sozialen Kriterien.[24] Damit es ein Produkt bis ins Anlageuniversum der Bank schafft, werden Analysen von Firmen zugekauft die sich auf die Bewertung nach sozial-ökonomischen Richtlinien spezialisiert haben. Dabei kann es schon vorkommen, dass ein Unternehmen zwar die Richtlinien gerade noch erfüllt, es aber unter den Kunden zu einer Onlineabstimmung kommt und man sich gegen das Investment ausspricht.[25]

Regional- und Genossenschaftsbanken

Auch die Regional- und Genossenschaftsbanken brauchen sich nicht zu verstecken. Sie haben üblicherweise keine derivativen Finanzprodukte in oder besser gesagt außerhalb der Bilanzen. Schon durch ihren Satzungsauftrag sind sie der Förderung der regionalen Wirtschaft verpflichtet. Es liegt jedoch nun an ihnen, die Nachhaltigkeit ihres Handelns besser zu transportieren, mittels mehr Transparenz.[26]

Eine nachhaltige Bankpolitik beinhaltet die permanente Aufgabe, ökonomische und gesellschaftliche Ansprüche im Gleichgewicht zu halten. Dazu genügt es nicht, wenn als Rahmenbedingungen und Voraussetzung eine eigentlich selbstverständliche Legalität in den Handlungen gegeben ist, diese müssen vielmehr auch legitim sein, das heißt den herrschenden gesellschaftlichen Werthaltungen und Ansprüchen genügen.[27]

---

[23] Seith 2009
[24] Seith 2009
[25] Seith 2009
[26] Nefischer 2012
[27] Schuster 1997, S. 4

3.2 Zielformulierung

Die Bankwelt allgemein gilt als Verursacher der größten Finanzkrise der Neuzeit. Ein unstillbarer Hunger nach Gewinnen auf Kosten der Allgemeinheit um Boni in lichte Höhen zu treiben. Skrupellose Bankmanager die mit ihren Renditeversprechen ganze Branchen in die Tiefe gerissen haben. Siehe Baubranche in Spanien oder der Häusermarkt in den USA. Die völlige Abgehobenheit von den Wurzeln des ehemals ehrbaren Kaufmanns als privaten Bankier der sich an gesellschaftliche Regeln hielt und das Ansehen der Bevölkerung genoss. Hin zu Renditecasinos die ohne realwirtschaftlichen Hintergrund aus Geld noch mehr Geld machen.

Mangelnde Transparenz in der Verwendung der Sparguthaben oder fehlende Richtlinien für die ethische-ökologische und nachhaltige Bankbetriebswirtschaft. Immer mehr Kunden möchten wissen was mit ihrem Geld auf dem Sparbuch passiert.

Die vorhin genannten Banken, Ethikbank, Umweltbank und GLS gelten als Pioniere auf ihrem Gebiet und der Erfolg gibt ihnen Recht. Zuwachsraten im 2-stelligen Bereich der Bilanzsumme von denen eine konventionelle Universalbank nur träumen kann.

Der Nachweis für zahlreiche Probleme die Kunden mit ihren Banken haben ist somit erbracht. Doch wie weit gehen die veränderten Anforderungen? Die große Finanzkrise als Katalysator für ein Umdenken der Kunden?
Deshalb ist es das Ziel dieser Studie herauszufinden, welche Anforderungen der Kunde an seine Bank hinsichtlich ethisch-ökologischer Veranlagungen und Kreditvergabe tatsächlich hat. In den folgenden Kapiteln wird dargestellt wie der Autor versuchen wird sich der Zielformulierung anzunähern.

4. Definitionen

4.1 Ethisch-ökologische Veranlagungen

Um ein besseres Verständnis für die verwendeten Begriffe ethisch-ökologische Kreditvergaben und Veranlagungen zu bekommen, wird hier zunächst dargestellt was man im Allgemeinen darunter versteht.

Der Kunstbegriff „ethisch-ökologisch" setzt sich zusammen aus den Wörtern Ethik und Ökologie. Die Ethik unterliegt dem ständigen Wandel der Zeit und lässt sich in regelmäßigen Abständen neu definieren. Ethik ist auch stark mit der Moral verbunden, die wiederum stark von kulturellen Gegebenheiten abhängt.
Sie befasst sich mit dem menschlichen Handeln und den daraus resultierenden Reflexionen. Ethik versteht sich als Anleitung zum richtigen Handeln und ist ein Teilgebiet der Philosophie, die sich mit den Grundlagen menschlicher Werte und Normen, der Moral und den allgemeinen Sitten befasst.[28]
In aller Kürze, Richtig ist was nützlich ist, Genuss bereitet, glücklich macht oder vom Prinzip her definiert ist.

Der Begriff ökologisch oder Ökologie kommt aus der Biologie und beschreibt die Wechselbeziehungen zwischen Lebewesen und der natürlichen Umwelt bzw. von Ökosystemen.[29] Der Mensch nimmt mit seinen Handlungen ständig Einfluss auf das Ökosystem und hinterlässt somit Spuren. Je nach Handlung sind diese ökologisch positiv also fördernd oder ökologisch negativ, zerstörend.

---

[28] Fördergemeinschaft Nachhaltige Landwirtschaft e.V.
[29] Prof. Dr. Edeltraud Günther

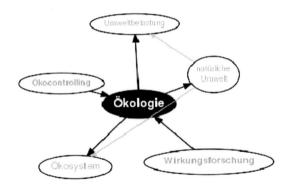

Abb 2: Ökologische Zusammenhänge

Führt man nun diese beiden Begriffe zusammen, ergibt sich daraus ein Produkt mit den folgenden Eigenschaften. Ethisch-ökologisch bedeutet, dass dabei nach geltenden moralischen Richtlinien und mit Rücksicht auf die Umwelt und deren Ökosysteme gehandelt wird. In diesem Zusammenhang fällt auch oft das Wort Nachhaltigkeit.

Damit meint man nach der heute überwiegend akzeptierten Definition, eine Entwicklung, die Bedürfnisse der Gegenwart befriedigt, ohne dabei die Grundlage künftiger Generationen zu zerstören.[30]

Da ohne nachhaltigem Handeln den Ökosystemen und auch moralischen Ansprüchen selten genüge getan wird, kann man davon ausgehen das die Begriffe ethisch-ökologisch und nachhaltig, ohne es gesondert erwähnen zu müssen, miteinander untrennbar verbunden sind.

Eine ethisch-ökologische Veranlagung kennzeichnet sich also dadurch, dass bei der Anlageentscheidung Überlegungen eine Rolle spielen, die der Verantwortung des Anlegers für Umwelt und Gesellschaft gerecht werden.[31]

Der Investor steuert mit seiner Vorstellung über die Verwendung des Geldes, die direkten Auswirkungen auf die Gesellschaft und Umwelt. Jeder für sich vermag keine großen Änderungen, aber die breite Masse nimmt sehr wohl Einfluss auf die Produktgestaltung der Finanzindustrie.

---

[30] Grunwald 2006, S. 7
[31] Michels 2005, S. 18

<u>Beispiele für ethisch-ökologische Veranlagungen</u>:

<u>Investmentfonds</u> die in erneuerbare Energien, Klimaschutz, Ethik/Ökologie oder Mikrofinanz (Kleinstkredite an Einpersonenunternehmen in Entwicklungsländern) investieren. Werden meist von einem Ethikrat überwacht und beraten.

<u>Ethiksparbuch</u>, das Geld wird nachweislich Unternehmen in Form von Krediten zur Verfügung gestellt, die Umweltschutz und soziale Gerechtigkeit in der Geschäftspolitik verankert haben.

<u>Ethische Zinskonten</u> werden in Staatsanleihen und Pfandbriefen investiert die ethischen Ansprüchen genügen. Oder <u>Solidarsparbücher</u>, dabei wird das Geld dafür verwendet Unternehmen mit regionalem Bezug ohne Bankenspanne Geld zur Verfügung zu stellen um Personen über 50 im Arbeitsmarkt zu halten.

Es gibt <u>Lebensversicherungen</u> die laufendes Ansparen im Investmentmantel einer Assekuranz anbieten die wiederum ethisch-ökologische Investmentfonds bevorzugen.

Bei <u>Mikrofinanzanleihen</u> stellt der Anleger sein Geld einer Bank oder einem Investmentfonds zur Verfügung, der wiederum Kleinstunternehmer unterstützt ein eigenes Geschäft zu starten. Diese Menschen wären sonst vielleicht jahrelang ohne Beschäftigt weil ihnen wenige 100 Euro für den Geschäftsbeginn fehlen.

Die Produktpalette in diesem Bereich ist bereits sehr umfangreich und zeugt für sich alleine nach einer hohen Nachfrage bei den Kunden.
Eine so zahlreiche Angebotspalette kommt nur auf den Markt wenn es auch eine entsprechende Nachfrage dafür gibt.

Diese kurze Übersicht ist nicht abschließend und soll nur einen kurzen Auszug der Möglichkeiten aufzeigen um ethisch-ökologisch zu veranlagen.

4.2 Ethisch-ökologische Kreditvergabe

Ethisch-ökologische Kreditvergabe bildet das genaue Gegenstück zur Veranlagung. Kunden die bei Banken Erspartes auf einem Sparbuch anlegen, stellen dem Institut ihr Geld zur Verfügung, das es im Gegenzug wieder an Private, Unternehmen oder öffentliche Einrichtungen verleiht.

Die Definition von ethisch-ökologisch, wie gerade bei den Veranlagungen beschrieben, trifft in gleicher Art auch auf die Kreditvergabe der Banken zu. Es gilt dabei ebenfalls zu berücksichtigen ob der Kreditnehmer das Geld dafür einsetzt der Gesellschaft zu nützen und die Umwelt zu erhalten. Hier hat allerdings der geldgebende Sparer keinen direkten Einfluss. Die Entscheidung wer das Geld bekommt trifft in letzter Instanz die Bank die es verleiht.

Daher muss in diesem Fall die Auflage, nach ethisch-ökologischen Kriterien Geld zu verleihen, auf Ebene der internen Kreditvergaberichtlinien und der Geschäftspolitik eines Kreditinstitutes stattfinden.

Die differenzierte Geschäftsausrichtung resultiert im Wesentlichen aus unterschiedlicher Gewichtung der gesellschaftlichen und ökonomischen Zielsetzungen. Ein weiterer Unterschied findet sich in der Bewertung der gesellschaftlichen Wirkungen der verschiedenen Bankprodukte. Nützt der Kredit dem Gemeinwohl und wird damit die Gesellschaft gefördert oder wird damit reines Profitstreben ohne Rücksicht auf andere unterstützt.

Häufig wird das Kreditgeschäft bei ethisch-ökologischen Kreditinstituten in zwei Bereiche geteilt. Den normalen Kreditbereich, der sich, abgesehen von der Verwendungsorientierung, nicht wesentlich von anderen Banken unterscheidet, sowie dem Förderbereich bei dem ausgesuchten Kunden Geld zu besonders günstigen Konditionen überlassen wird.[32]

Hier wird also ein eigener Bereich errichtet wo ethisch-ökologische Projekte speziell mit besseren oder besser gesagt gestützten Konditionen gefördert werden. Gestützt deshalb weil auch diese Banken zumindest ausgeglichen bilanzieren müssen um zu überleben. Von daher trägt ein ethisch-ökologischer Sparer mit seinen Einlagen einen Teil dieser Förderung durch etwas niedrigere Zinsen auf sein Erspartes.

Ein Beispiel für ethisch-ökologische Kreditvergabe anhand der Richtlinien der Ethikbank, eine Zweigniederlassung der Volksbank Eisenberg eG in Deutschland. Diese hat für die Vergabe von Krediten, sowohl Positiv- als auch Negativkriterien.

Negativkriterien:

Es gibt kein Geld für Unternehmen die Militärwaffen herstellen, Atomkraftwerke besitzen, Saatgut gentechnisch verändern, Kinderarbeit zulassen oder die Verstöße im Umgang mit Menschenrechten zulassen.
Wenn ein Kreditnehmer die Tabukriterien erfüllt folgt noch die Prüfung der positiven Seite. Hier liegt das Augenmerk auf sozialökologischen Standards.

Positivkriterien:

Umweltmanagementsysteme (das Unternehmen befasst sich aktiv mit den Auswirkungen der Geschäftstätigkeit auf die Umwelt), Leistungen im Umweltbereich (spürbare Anstrengungen den Ressourcenverbrauch oder die Emissionen zu senken), Managementsysteme zur Weiterbildung und Personalentwicklung oder auch Vorsorgemaßnahmen um Korruption und Be-

---

[32] Franz 2005, S. 35

stechung zu verhindern (Leitlinien für Mitarbeiter die in Kontakt mit Ent-
scheidungsträger oder Ämter stehen).[33]

Anhand der Kriterien, am Beispiel der Ethikbank, sieht man sehr gut wie
ethisch-ökologische Kreditvergabe in der Praxis aussehen kann. Der Fokus liegt klar auf der Förderung der Gesellschaft und der Erhaltung der
Ökosysteme.

5. Der Problemlösungsweg

5.1 Forschungsfragen

Zur Erreichung der Zielformulierung definiere ich daher folgende Forschungsfragen. Es werden je 3 Fragen zur Kreditvergabe und zu Veranlagungen formuliert.

Fragen zu ethisch-ökologischen Kreditvergaben:

a) Welche Anforderungen stellen Kreditnehmer eines ethisch-ökologischen Projekts an ihre Bank?
b) Wenden sich Kunden die ein ethisch-ökologisches Projekt finanzieren
   möchten, an ein darauf spezialisiertes Kreditinstitut?
c) Welche Rolle spielen Förderungen von Staat und Bank für den Kreditnehmer?

Fragen zu ethisch-ökologischen Veranlagungen:

d) Welche Anforderungen stellen Kunden einer ethisch-ökologischen
   Veranlagung an ihre Bank?
e) Was sind die Gründe sich für ein ethisch-ökologisches Investment zu
   entscheiden?

---

[33] Ethikbank

f) Nimmt der Kunde zugunsten von ethisch-ökologischen Veranlagungen eine niedrigere Rendite in Kauf, wenn er damit die Projekte fördert?

5.2 Gewählte Methodik und wissenschaftlicher Prozess

Für die Beantwortung der Forschungsfragen sind zunächst weitere Überlegungen anzustellen. Es wird die Forschungsmethode vorgestellt und der wissenschaftliche Prozess beschrieben und auf die Anforderungen abgestimmt ausgewählt.

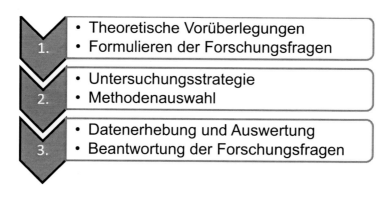

Abb 4: Struktur empirisch sozialwissenschaftlicher Forschungsprozesse

Empirische Sozialforschung

Empirische Wissenschaft wird üblicherweise Erfahrungswissenschaft genannt. Damit soll zum Ausdruck gebracht werden, dass die mit empirischen Daten begründeten Aussagen auf der "Erfahrung" beruhen. Diese Begriffswahl ist durchaus gerechtfertigt, denn empirisch-wissenschaftliche Erfahrungen und Alltagserfahrungen sind nicht grundsätzlich verschieden. Beide basieren auf Beobachtungen.[34]

---

[34] Kromrey 1998, S. 5

Diese wissenschaftliche Teildisziplin der Sozialwissenschaften beschäftigt sich also mit den Bereichen unserer Welt die durch das menschliche Handeln konstituiert werden.

- *Gegenstand der sozialwissenschaftlichen Forschung*: soziales Handeln,
- *das Ziel der Forschung*: Handeln in seinem Ablauf und in seinen Wirkungen ursächlich zu erklären und
- *die besondere, gegenstandsadäquate Vorgehensweise*: Handeln deutend zu verstehen.[35]

<u>Im Wesentlichen dreht sich alles um 3 Fragen:</u>

1. Spezifizierung des Untersuchungsgegenstandes; was für ein Ausschnitt der sozialen Wirklichkeit soll untersucht werden?
2. Der Entstehungs- und Verwertungszusammenhang; warum wird gerade dieser Bereich untersucht?
1. Erhebung sozialer Daten und deren Auswertung; wie soll Frage 2 beantwortet werden?[36]

Abb 3: Grundfragen der empirischen Sozialforschung

---

[35] Gläser und Laudel 2010, S. 4
[36] Atteslander 2003, S. 4–5

Erhebungsmethoden – Qualitative Forschung

„Qualitative Forschung widmet sich der Untersuchung der Sinnhaften Strukturierung von Ausdrucksformen sozialer Prozesse. Es geht also darum, zu verstehen, was Menschen in einem sozialen Kontext dazu bringt, in einer bestimmten Weise zu handeln, welche Dynamik dieses Handeln im sozialen Umfeld auslöst und wie diese auf die Handlungsweisen zurück wirkt."[37]

Qualitative Forschung verfolgt nicht die Strategie der selektiven Erhebung vorab definierter Merkmale, wie bei der standardisierten Forschung, sondern breite Informationssammlung aus möglichst vielfältigen Perspektiven.[38]

Die Erhebungsmethode, nach Stand der Technik der qualitativen Forschung, ist das Experteninterview. Mit der Erkenntnis, dass empirische Sozialforschung auf Erfahrungen beruht, kommt für eine Befragung mittels Interview eine sehr große Zielgruppe in Frage. Um nicht zu sagen jeder der eigene Beobachtungen macht. Das wäre aber der Zielformulierung und somit den gestellten Forschungsfragen nicht dienlich. Da nicht jeder auf die gestellten Forschungsfragen antworten kann. Dazu müsste man unterstellen, dass jede Person die gleichen Beobachtungen mit unterschiedlicher Interpretation macht. Ansonsten würde jedes Interview das gleiche Ergebnis liefern und damit die Forschung sinnlos machen.
Daher ist es zwingend notwendig die Zielgruppe durch genaue Definition einzuschränken, dazu später mehr.

---

[37] Froschauer 2003, S. 15
[38] Kromrey 1998, S. 209

Interviewarten

Es werden die verschiedenen Interviewarten kurz umrissen und die ge-
wählte Art ausführlich beschrieben.

Die wichtigste Klassifizierung von Interviews ist die nach der Technik der
Datenerhebung. Eine erste Unterscheidung von Interviews ist die nach
dem Grad der Standardisierung des Interviews. Anhand des Standardisie-
rungsgrades kann man Interviews grundsätzlich unterscheiden in:

- *standardisierte Interviews*, bei denen sowohl die Fragen des Intervie-
  wers als auch die Antwortmöglichkeiten für jedes Interview exakt gleich
  sind. Der Interviewer hat einen Fragebogen, in dem fest formulierte
  Fragen in einer festen Reihenfolge stehen. Die Fragen sind geschlossen, das heißt, der Interviewpartner kann die Antwort nicht selbst for-
  mulieren, sondern muss eine von mehreren vorgegebenen Antwortmöglichkeiten auswählen.

- *halb-standardisierte Interviews*, bei denen die Handlungen des Inter-
  viewers in der oben beschriebenen Weise durch den Fragebogen
  standardisiert werden, dem Interviewpartner aber freigestellt wird, wie
  er die Fragen beantwortet.

- *nicht-standardisierte Interviews*, bei denen weder die Fragen des Inter-
  viewers noch die Antworten des Interviewpartners standardisiert werden.

Als Regel für die Einteilung kann man sich merken. Sind die Fragen und
Antworten vorgegeben ist es standardisiert, sind die Fragen vorgegeben
und die Antworten offen ist es halb-standardisiert und sind sowohl die
Fragen als auch die Antworten offen handelt es sich um ein nicht-
standardisiertes Interview.

Die beiden zuerst genannten haben in der qualitativen Forschungspraxis
wenig Bedeutung, daher wird hier das nicht-standardisierte Interview mit

offenen Fragen und offenen Antworten als optimale Erhebungsmethode zur Beantwortung der Forschungsfragen gewählt.

Leitfadeninterviews

Die Leitfadeninterviews gehören in die Gruppe der nicht-standardisierten Interviews und werden mit einem vorgegebenem Thema und einer Frageliste geführt. Der Interviewleitfaden enthält die Fragen, die in jedem Interview beantwortet werden müssen. Allerdings sind weder die Frageformulierungen noch die Reihenfolge der Fragen verbindlich. Um den natürlichen Gesprächsverlauf zu fördern, können Fragen auch außer der Reihe des Leitfadens gestellt werden, wenn es sich ergibt. Auch kann die vollständige Beantwortung einer Frage häufig nur dadurch erreicht werden, dass zu einer Antwort ad hoc Nachfragen gestellt werden.
Solche Nachfragen können nicht in den Interviewleitfaden aufgenommen werden. Deshalb ist er eher eine Richtschnur, die die unbedingt zu stellenden Fragen enthält.

Bezüglich des Gegenstandes der Befragung gibt es kaum Einschränkungen, allerdings wird es sich in den meisten Fällen um Interviews über Handlungen, Beobachtungen und Wissen des Interviewpartners handeln. Interviewpartner für Experteninterviews kann somit jeder Mensch sein, dessen spezifisches Wissen für die Untersuchung relevant ist.[39]

Auswertungsmethoden – Qualitative Inhaltsanalyse

Qualitative Erhebungsmethoden erzeugen Texte, in diesem Fall Interviewprotokolle. Diese Texte sind die auszuwertenden Rohdaten. Anders als bei quantitativen Erhebungsmethoden sind die Texte mit prinzipiellen Unschärfen behaftet, sprich es ist noch nicht klar welche für die Untersuchung relevanten Informationen sich darin befinden. Diese Unschärfe ist gewollt, sie entspringt der spezifischen Art und Weise, wie qualitative Erhebungsmethoden das Prinzip der Offenheit realisieren.

---

[39] Gläser und Laudel 2010, S. 41–43

Das macht es aber umso schwerer da das Datenmaterial auch schwer interpretierbare, irrelevante und widersprüchliche Informationen enthalten kann.

- *Freie Interpretationen* sind in der Forschungspraxis recht weit verbreitet. Der Forscher liest und interpretiert die Interviews und fasst die seiner Ansicht nach für die Beantwortung der Forschungsfrage wichtigen Interpretationen zusammen. Bei dieser Vorgehensweise kann man eigentlich nicht von einer Auswertungsmethode sprechen. Wenn keine Regeln existieren und das Vorgehen bzw. der Prozess nicht beschrieben werden kann, kann niemand nachvollziehen wie der Forscher von seinen empirischen Daten auf das Ergebnis gekommen ist. Es fehlt die Duplizierbarkeit für Dritte.

- *Qualitative Inhaltsanalyse* ist in diesem Fall die Auswertungsmethode der Wahl, um das Rohmaterial, die Interviewprotokolle, zu bearbeiten und die relevanten Informationen zu filtern. Dieses Analyseverfahren wertet Texte aus, indem sie ihnen in einem systematischen Vorgehen Informationen entnimmt. Dabei wird der Text auf relevante Informationen hin durchsucht. Die dem Text entnommenen Informationen werden den Kategorien der Forschungsfragen zugeordnet und relativ unabhängig vom Text weiterverarbeitet. Dieses Verfahren bleibt also nicht mit dem Ursprungstext verhaftet, sondern extrahiert Informationen und verarbeitet sie getrennt vom Text weiter.[40]

Nach der Extraktion der relevanten Informationen aus den Rohdaten, wird pro Interviewteilnehmer eine max. 2-seitige Zusammenfassung erstellt, die ausschließlich relevante Informationen für die Beantwortung der Forschungsfragen enthält. Die Präsentation der Ergebnisse erfolgt im Fließtext, basierend auf den Angaben der Interviewpartner und unterstützt durch Meinungen aus gängiger Literatur und Medien.

---

[40] Gläser und Laudel 2010, S. 43–46

Nach der Methode von Mayring gibt es 3 wesentliche Punkte im Grundverfahren der qualitativen Inhaltsanalyse:

- *Zusammenfassung:* meint das Material zu reduzieren (durch Abstraktion) so, dass wesentliche Inhalte (als Abbild des Grundmaterials) erhalten bleiben.

- *Explikation:* beschreibt die Beschaffung von zusätzlichem Material zur Klärung von fraglichen Textteilen oder ungenauen Erläuterungen (z.B. durch gängige Literatur, etc.)

- *Strukturierung:* verfolgt das Ziel nach vorher festgelegten Ordnungskriterien, bestimmte Aspekte aus dem Material zu filtern, oder das Material auf Grund bestimmter Kriterien einzuschätzen.[41]

Im Sinne dieser Untersuchung werden für die 2 Teilbereiche der Forschungsfragen, Kreditvergaben und Veranlagungen, je 2 eigene Zielgruppen definiert um Interviewpartner zu finden die über möglichst relevantes Wissen verfügen. Ziel dieser Maßnahme ist die Steigerung der Qualität der Rohdaten.

Definition der Zielgruppe für relevante Interviewpartner

Dieser Abschnitt dient dazu die Qualität der Rohdaten weiter zu erhöhen, indem man die Personengruppe der in Frage kommenden Interviewpartner durch mehr oder weniger strenge Kriterien einschränkt. Die Überlegungen dahinter basieren immer auf den Forschungsfragen und dem Fokus diese bestmöglich und umfangreich zu beantworten.

"Seine Zielgruppe zu kennen heißt: marktgerechte Produkte entwickeln - ganz egal, ob dieses Angebot ein Joghurt ist, ein Auto, ein Reiseangebot, ein Zeitschriftentitel oder ein Fernsehformat.

---

[41] Mayring 2008, S. 115

Zielgruppen zu kennen heißt auch in der Lage zu sein, passgenaue Kommunikationsstrategien zu entwickeln."[42]

Allgayer beschreibt hier die Notwendigkeit sich im Marketing mit Zielgruppen zu beschäftigen. Mit Bezug auf diese Studie, ist das Produkt für das die passende Zielgruppe gefunden werden soll, die Forschungsfrage in Kombination mit dem Interviewleitfaden. In Frage kommen zunächst alle Personen jeden Alters und jeden Geschlechts die Finanzprodukte besitzen oder besaßen.

Hier eine sinnvolle Einschränkung für den Personenkreis:

- *Maximales Alter 65 Jahre*, darüber wird eher eine passivere Haltung gegenüber den eigenen Finanzen eingenommen. In der Praxis zeigt sich, dass das Interesse nach innovativen Finanzprodukten oder Finanzierungen aufgrund des bevorstehenden Ruhestands abnimmt.

- *Mindestalter 20 Jahre,* darunter ist vielleicht das Interesse für Finanzprodukte vereinzelt schon vorhanden, es fehlt aber in den meisten Fällen am Geld. Was zu rein hypothetischen Interviews führen würde.

Einschränkungen mit Rücksicht auf das Teilgebiet Kreditvergaben:

- *Berufliche Tätigkeit*, wünschenswert wären Unternehmer, Landwirte, Politiker oder Geschäftsführer von Genossenschaften mit ethisch-ökologischem Hintergrund. Der Vorteil ist, es wären wahrscheinlich entsprechende Erfahrungen bei Banken oder Finanzdienstleister bereits vorhanden. Oder der Wunsch vorhanden künftig ein derartiges Projekt zu finanzieren.

- *Kreditnehmer von ethisch-ökologischen Finanzierungen*, könnten aus erster Hand über die eigenen Erlebnisse und Bedürfnisse berichten.

---

[42] Allgayer 2007, S. 9

Einschränkungen mit Rücksicht auf das Teilgebiet Veranlagungen:

- *Privatpersonen*, die die Altersbeschränkungen erfüllen und die monatlich Geld anlegen oder bereits größere Summen auf einmal angelegt haben. Es wird unterstellt, dass Personen die nicht über genügend Mittel verfügen um sich Gedanken über die gewünschte Veranlagung zu machen, auch keine Vorstellung davon haben was sie damit machen würden. Was wieder zu rein hypothetischen Antworten führen würde.

- *Kunden von ethisch-ökologischen Veranlagungen*, Personen die bereits in ebensolche Sparbücher, Investmentfonds, Beteiligungen oder Anleihen investiert haben. Das wären, wie beim Teilgebiet Kreditvergabe, die wertvollsten Interviewpartner, weil sie sich bereits mit den eigenen Anforderungen an ein ethisch-ökologisches Investment beschäftigt haben.

Diese Beschränkungen sollen dazu führen, die richtigen Interviewpartner für die richtigen Fragen zu finden. Das Ziel ist eine hohe Dichte an Erlebnissen und konkreten Anforderungen. In der Praxis wird es sich aber nicht vermeiden lassen das sich auch hypothetische Fragen und Antworten in den Ergebnissen wieder finden.

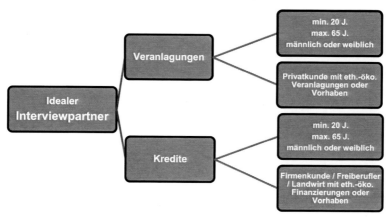

Abb. 5: Der ideale Interviewpartner

Leitfaden für die Interviews

Dieser Bereich wird ebenfalls in die 2 Teilgebiete aufgeteilt und für jedes ein eigener Leitfaden entwickelt. Grundsätzliche Fragen wie demografische Daten oder allgemeines zu Finanzprodukten werden sich in beiden wiederfinden. Die Unterscheidung liegt in der jeweiligen Fachrichtung, entweder Veranlagungen oder Kreditvergaben.

Ein Leitfaden dient als Gerüst für das Interview und schützt davor nach einigen geführten Interviews auf Suggestivfragen abzurutschen weil man vermutet die Antworten auf die gestellten Fragen schon zu kennen. Ein abarbeiten des Leitfadens schützt davor.

Für diese Art von Interview werden Meinungsfragen benötigt. Wenn so wie hier, der Interviewpartner ein Akteur im zu rekonstruierenden Prozess war und seine Bewertungen, Handlungsziele oder Motive ermittelt werden müssen.[43]

Es werden für jeden der 2 Teilbereiche je 5 Interviewpartner befragt und anschließend ausgewertet. Macht in Summe 10 Befragungen sie sich gleichmäßig auf die 6 Forschungsfragen aufteilen. Die Befragung erfolgt anonym unter Berücksichtigung des Datenschutzes. Vor der digitalen Aufzeichnung des Gesprächs wird das Einverständnis des Befragten eingeholt und darauf hingewiesen das die Daten nur im Rahmen dieser Studie verwendet werden. Die Interviews werden face to face durchgeführt.
Ein Grundprinzip für Leitfäden sollte sein das nicht nur gefragt wird wie die Dinge aktuell vom Interviewten gesehen werden, sondern auch, welche Sichtweisen er früher hatte beziehungsweise warum sich diese verändert haben. Es wird dabei auch die soziale Interaktion beachtet und das Individuum nicht als isoliert mit einer fixen Meinung betrachtet. Der Prozess von der Entstehung von Bedeutungen wird rekonstruiert.[44]

---

[43] Gläser und Laudel 2010, S. 122–124
[44] Reinders 2005, S. 154

Aufbau Leitfaden: Gesprächseinstieg – Kreditvergaben – Veranlagungen

Thema	Fragen
I. Gesprächseinstieg	(Für beide Zielgruppen)
Vorstellung der Studie	Kurze Zusammenfassung für den Interviewpartner, Ziel beschreiben
Demografische Daten	Alter, berufliche Tätigkeit, Familienstand
Begriff ethisch-ökologisch	Was verstehen sie im Allgemeinen darunter?
Eigene Finanzprodukte	Bereits ein ethisch-ökologisches Projekt finanziert / in einer derartige Veranlagung investiert oder darüber nachgedacht?

Thema	Fragen
II. Teilgebiet Kreditvergaben	(Für Zielgruppe Kreditvergaben)
Fragen zu a) (Anforderungen an die Bank)	Wie hat sich die Einstellung zu ethisch-ökologisch im Lauf der Zeit verändert? Was führte dazu?
	Was ist ethisch-ökologisch in Bezug auf die Kreditvergabe?
	Warum wurde oder wird ein ethisch-ökologisches Projekt finanziert?
	Welche Anforderungen werden an die finanzierende Bank und den Berater gestellt? Geldherkunft wichtig?
	Was hat dazu geführt das die Nachfrage nach ethisch-ökologischen Krediten steigt?
Fragen zu b) (Spezialisten Ja/Nein)	Wie wird die finanzierende Bank ausgewählt?
	Wie wichtig ist eine Spezialisierung der Bank auf ethisch-ökologische Finanzierungen?
Fragen zu c) (Rolle der Förderungen)	Welche Rollen spielen Förderungen vom Staat für ethisch-ökologische Projekte?
	Wie könnte eine Bank ein solches Projekt fördern?

Thema	Fragen
III. Teilgebiet Veranlagungen	(Für Zielgruppe Veranlagungen)
Fragen zu d) (Anforderungen an die Bank)	Wie hat sich die Einstellung zu ethisch-ökologisch im Lauf der Zeit verändert? Was führte dazu?
	Was wird unter ethisch-ökologischen Veranlagungen verstanden?
	Welche Anforderungen werden an die Bank und den Berater gestellt der in dieser Angelegenheit berät?
	Welche ethisch-ökologischen Geldanlagen sind Ihnen bekannt?
Fragen zu e) (Gründe für Veranlagung)	Warum wurde oder wird in ethisch-ökologische Veranlagungen investiert?
	Nach welchen Kriterien wird eine ethisch-ökologische Veranlagung ausgewählt?
	Was hat dazu geführt das die Nachfrage nach ethisch-ökologischen Veranlagungen steigt?
Fragen zu f) (Förderung durch Kunde)	Es wird ein Finanzprodukt angeboten das mit einer etwas niedrigeren Verzinsung ein ethisch-ökologisches Projekt fördert. Was sagen Sie dazu?
	Was gäbe es noch für Möglichkeiten um solche Projekte zu fördern?

Diese insgesamt 13 Fragen pro Interview (Basis + Teilgebiet) dienen als Richtschnur für die Datenerhebung und sind darauf ausgerichtet die Forschungsfragen zu beantworten.

"Trotz vielfältiger Versuche zur Standardisierung und Kodifizierung qualitativer Forschung und Entwicklung von Lehrtraditionen bleibt immer noch ein unaufhebbarer "Rest", der durch die Person des Forschers, seine Originalität, Hartnäckigkeit, sein Temperament und seine Vorlieben - eben seinen unverwechselbaren Stil - bestimmt wird."[45]

---

[45] Flick et al. 2007, S. 32

Das Interview selbst

Notwendige Utensilien für die Befragung: Leitfaden, Collegeblock mit ausreichend Papier für Notizen, Kugelschreiber, Zusammenfassung der MA und Definitionen, Digitales Aufnahmegerät, Ersatzbatterien, Speicherkarte. Zur Interviewführung gibt es jede Menge Literatur die besagt das man interviewen nicht lernen kann sondern mit den Erfahrungen von zahlreichen Befragungen wächst. Es gibt aber einige Regeln die man trotzdem befolgen sollte. Die Entwicklung der Interviewbeziehung vollzieht sich in den persönlichen Kontakten vor dem Interview, vor allem aber in der Anfangsphase der Interviews. Man formuliert die Erwartungen an den Interviewpartner und signalisiert, dass man ein professionelles Anliegen hat. Eine gewisse Vertrautheit nach den Einstiegsfragen ermöglicht meist auch die erwünschte Tiefe der Antworten bei den Detailfragen.

1. *Aktives Zuhören!* Sich auf den Inhalt der Ausführungen des Interviewpartners konzentrieren, ihm zu verstehen geben, dass er verstanden wird und einschätzen, welche Informationen noch fehlen.
2. *Nicht unterbrechen!* Erzählungen des Interviewpartners sollten grundsätzlich nicht unterbrochen werden.
3. *Flexibel Fragen!* Damit fördert man eine möglichst natürliche Gesprächssituation. Auch im Alltag ergeben sich in den meisten Gesprächen Anknüpfungspunkte für das nächste Thema.
4. *Nicht verstandenes klären!* Nicht zögern und um eine Erklärung bitten, bei ungenauen Angaben oder unverständlichen Begriffen. Bei der Transkription ist es zu spät.
5. *Details erfragen!* Offene Fragen führen nicht automatisch zu einem detailreichen Erzählfluss. Immer nachhacken wenn notwendig.
6. *Bewertungen vermeiden!* Alle negativen oder positiven Wertungen dessen, was der Interviewpartner sagt, müssen unterbleiben. Der Befragte soll nur darin bestärkt werden zu erzählen.[46]

---

[46] Gläser und Laudel 2010, S. 172–177

6. Das Ergebnis

Zunächst zusammengefasst die Antworten aus dem Basisteil des Interviewleitfadens. Hier wurde das Verständnis des Interviewten zu diesem Thema abgefragt.

<u>Was verstehen die Interviewpartner unter ethisch-ökologisch?</u>

- Das Leben von Werten im gesellschaftlichen Umfeld. Eingebettet in Verhaltensregeln für „gut" und „schlecht" für jeden Einzelnen und in Gruppen. Gut und schlecht wurden nicht näher erläutert, aber sie beziehen sich damit auf aktuell gültige, moralisch richtige Werte.

- Nicht alles tun was man kann, sondern das was richtig ist mit Rücksicht auf die Gesellschaft. Wenn etwas nicht ausdrücklich verboten ist, aber es den Menschen schadet, sollte man es trotzdem nicht tun.

- Ökologisches, ökonomisches und soziales Generationendenken. Diese Antwort kam von einem Unternehmer der den Betrieb bereits in der 3. Generation führt. Die nachfolgende Generation soll immer noch eine Lebensgrundlage vorfinden.

- Im Einklang mit der Umwelt, das heißt die Auswirkungen der eigenen Handlungen werden beobachtet und gegeben Falls angepasst.

- Es werden immer mehr Werte durch Normen ersetzt, dadurch verschließt sich die Gesellschaft. Um Sie wieder für Vielfalt und Innovationen zu öffnen wäre das genaue Gegenteil notwendig.

- Auf die menschlichen Bedürfnisse Rücksicht nehmen. Es sollte für die Gesellschaft ein Nutzen entstehen, ein Mehrwert sozusagen. Keine Ausrichtung auf reine Gewinnmaximierung seitens der Unternehmen.

- Ethisch-ökologisch steht für Gerechtigkeit, Ausgeglichenheit und eine gute Entlohnung für gute Arbeit, so dass man auch von der eigenen Arbeit leben kann. Eine Anspielung auf die sich immer weiter öffnende Schere zwischen Arm und Reich in allen Ländern dieser Welt.

Wie hat sich die eigene Wertigkeit von ethisch-ökologisch im Lauf der Zeit verändert?

- Das Interesse war in jungen Jahren bereits vorhanden und es kam zu einer Steigerung mit dem Alter. Zusätzlicher Ansporn ist die Geburt der eigenen Kinder. Diese sollen auch noch eine Lebensgrundlage vorfinden.

- Die Schulbildung und ausgewählte Lehrer bzw. Professoren tragen ebenfalls zu einer stärkeren ethisch-ökologischen Ausprägung bei. Umso höher der Grad der Ausbildung desto gesteigerter das Interesse an diesem Thema.

- Die Allgemeine Sparsamkeit war vor 25 Jahre höher als heute, dafür was das ökologische Denken damals nicht sehr ausgeprägt. Es wurde eher aus der Notwendigkeit gespart als damit die Umwelt zu schonen.

- Die subjektive Veränderung des Klimas spielt eine Rolle beim Umdenkprozess. Die Menschen geben sich selbst einen Anteil an diesen Veränderungen.

- Auch das Gegenteil ist der Fall. Eine Teilnehmerin erzählte davon, dass der Höhepunkt ihres Interesses zwischen dem 20. und 30. Lebensjahr war. Ab da ging das Interesse zurück, wegen dem Gefühl das sich in der Gesellschaft zu wenig verändert. Das große Umdenken findet für sie nicht statt.

<u>Was sind die subjektiven Gründe für die steigende Nachfrage nach
ethisch-ökologischen Finanzprodukten?</u>

- Eine steigende Informationsflut überfordert die Menschen. Man vermutet gezielte marketingbezogene Nachrichten die jemandem dienlich sind. Es wird schwieriger die gewünschte Transparenz zu finden.

- Der Sinn wird wieder in moralisch richtigem Handeln und Ehrlichkeit gesucht. Das Geld soll für positive Dinge eingesetzt werden. Durch die bewusste Auswahl des Investments.

- Es ist eine Gegenbewegung zu den großen Fällen von Finanzbetrug dem der kleine Sparer tatenlos zusehen muss.

- Die Nachfrage aus der Gesellschaft nach „grünen Produkten" steigt und die Wirtschaft reagiert darauf. Der Konsument nutzt seine Marktmacht um einen Wirtschaftszweig nachhaltig zu verändern.

- Viele Leute leben generell bewusster in manchen Lebensbereichen, so auch in der Geldanlage.

- Unbegrenztes Wachstum und endliche Ressourcen passen nicht zusammen. Eine Anspielung auf die ständig Forderung nach Wirtschaftswachstum, da Stillstand bereits ein Rückschritt sei.

- Diese Art von Investment vermittelt mehr Sicherheit, bei konventionellen Finanzprodukten hat man oftmals das Gefühl einer willkürlichen Entwicklung ausgesetzt zu sein. Hier steigert die oftmals vorhandene Regionalität des Investments das Sicherheitsgefühl des Anlegers.

- Starke negative Entwicklungen (wie z.B. Korruption, Umweltverschmutzung oder Gier) bewirken eine Gegenbewegung in die positive Richtung.

Bei jedem Interview war der Autor darauf vorbereitet mit dem Befragten
die Basisbegriffe zu erarbeiten. Unter anderem wurden Definitionen in
schriftlicher Form vorbereitet, die allerdings bei keinem Interview zum Einsatz kamen. Der Begriff ethisch-ökologisch war allen Interviewpartnern so-
fort geläufig. Jeder konnte sich etwas darunter vorstellen und die Abweichungen der Antworten erklären sich durch unterschiedliche Empfindun-
gen und differenzierten Wortschatz. Im Kern aber drehte sich alles um das
Wohl der Gesellschaft, Nachhaltigkeit und den Schutz der Umwelt.

6.1 Beantwortung der Forschungsfragen:

<u>Fragen zu ethisch-ökologischen Kreditvergaben</u>:

**a) Welche Anforderungen stellen Kreditnehmer eines ethisch-
ökologischen Projekts an ihre Bank?**

*„Das Geld für eine ethisch-ökologische Finanzierung sollte aus ei-
nem eigenen Sparkreislauf kommen."*
Wenn man Bargeld auf ein Sparbuch einzahlt, wird elektronisches Buchgeld daraus. Es wird in den Geldkreislauf der Bank eingespeist und verliert
damit die Möglichkeit der Nachverfolgung. Was anderes wäre es wenn die
Bank garantieren kann das bestimmte Sparbücher einen eigenen Rechnungskreis nicht verlassen. Somit könnte ein ethisch-ökologischer Sparer
sichergehen das er damit nur ethisch-ökologischen Finanzierungen Geld
zur Verfügung stellt. Ein Kreditnehmer kann so sein Projekt mit Spargeld
aus ethisch-ökologischer Überzeugung finanzieren.
"Die typische Form der Vermehrung von Geld in der Realwirtschaft ist die
Finanzierung von Investitionen: Jemand legt etwa sein Geld auf einem
Sparbuch an, die Bank verleiht es an einen Unternehmer, der den Kredit

für den Erwerb eines Investitionsgutes verwendet (Finanzkapital wird gewissermaßen in Realkapital verwandelt - dieser Prozess könnte auch durch eine Emission von Aktien ermöglicht bzw. finanziert werden). Aus dem Mehrertrag durch die Investition bezahlt der Unternehmer den Zins, den sich Bank und Sparer teilen." [47]

„Die Beziehung des Kunden zum Berater sollte eine gewisse Tiefe erreichen um eine langfristige Basis für die Zusammenarbeit zu haben."

Gemeint ist damit, dass sich der zuständige Berater nicht nur auf Kennzahlen verlassen muss oder soll. Bei einer langfristigen Zusammenarbeit lässt sich von ihm auch der Kreditnehmer selbst einschätzen. Wie reagiert dieser bei Problemen, bei finanziellen Engpässen, wie verlässlich ist er, etc. An erster Stelle steht hier die direkte Kundenzuordnung, das heißt jeder Kunde hat seinen persönlichen Ansprechpartner in der Bankfiliale. So ergibt sich eine langjährige Geschäftsbeziehung von selbst.

Bankberater sind nicht nur Vermittler von Finanzprodukten. In Zeiten, in denen Kapitalanlagen und Versicherungen im Internet angeboten werden, ist das eigentliche Produkt des Beraters der Beziehungsaufbau.[48]

„Regionalität gilt bei ethisch-ökologischen Projekten auch bei der Geldherkunft."

Der Kreditnehmer möchte damit die umliegende Bevölkerung in das Projekt einbinden. Es ergibt sich möglicherweise eine Win-Win Situation für beide Seiten. Jemand der bewusst Geld in ein ethisch-ökologisches Projekt in unmittelbarer Nähe anlegt, wird sich auch dafür einsetzten das dieses gelingt. Sei es durch positive Meinungsmache oder auch als direkter Kunde (z.B. bei Biomassekraftwerken). Daraus ergibt sich ein Finanzprodukt zum „anfassen". Der Kunde ist nicht mehr nur auf seine Vorstellungskraft und Bilder oder Berichte angewiesen sondern kann seine Veranlagung vor Ort besichtigen.

---

[47] Stephan Schulmeister, S. 3
[48] Frank M. Scheelen 2010

Die Raiffeisenbank Micheldorf und die Sparkasse Kremstal-Pyhrn haben ein Finanzinstrument entwickelt das den Kunden die volle Kontrolle über ihre Spareinlagen gewährt und sie jederzeit informiert, wofür ihr Geld gerade verwendet wird. Das Geld bleibt garantiert in der Region und bewirkt Gutes für die Gemeinschaft. Berechtigte Kreditnehmer sind Vereine, Landwirte, Institutionen und Unternehmen die bestimmten ökologischen, sozialen, aber auch wirtschaftlichen Kriterien entsprechen.[49]

„Projekte die nicht mehr überleben können, nicht künstlich am Leben halten, sondern einen Schlussstrich ziehen."

Mit dieser Aussage wird ein zu enges Betreuungsverhältnis zum Kreditnehmer bemängelt. Nach dem Motto, lieber ein Ende mit Schrecken als ein Schrecken ohne Ende, sollte ein offensichtlich gescheitertes Projekt auch beendet werden. Ohne immer weiter Geld zuzuschießen auch wenn sämtliche Vorschaurechnungen negativ ausfallen. Hier tut der Berater dem Kreditnehmer nur einen vermeintlichen Gefallen aus einem zu engen Nahverhältnis. Es muss die geschäftliche Professionalität gewahrt bleiben. Ein rechtzeitiges beenden mit einem klaren Schlussstrich kann den Weg für einen Neubeginn frei machen. Von Altlasten befreit, erhöht sich der Bewegungsspielraum eines eventuellen Nachfolgers der das Projekt doch noch profitabel machen könnte.

„Produktgestaltung nach dem Grundsatz: „Would you buy it?". Also sich selbst die Frage stellen ob man das Produkt selber annehmen würde oder ob man noch etwas verbessern könnte."

Hier wird das Qualitätsmanagement für Finanzprodukte auf einen einzigen Satz komprimiert. „Würdest du das Produkt selber kaufen?". Wenn sich die Produktentwickler bei jeder Innovation am Kredit- oder Veranlagungsmarkt diese Frage stellen, sollten auch kundenfreundliche Produkte dabei heraus kommen. Kunden sind der Meinung das etliche Finanzprodukte zu kompliziert oder am Kunden vorbei entworfen werden.

Erfolgreiche neue Produkte müssen zum Zeitpunkt ihrer Markteinführung einen zusätzlichen Nutzen für den Kunden erbringen. Für den Erfolg eines

---

[49] Georg Brandstetter 2012

neuen Produktes ist die frühzeitige Einbindung des Kunden in den Entwicklungsprozess unerlässlich. Zahlreiche empirische Studien zeigen einen positiven Zusammenhang zwischen Kundenorientierung und erfolgreichem Produktabsatz.[50]

„Die ethisch-ökologische" Ausrichtung ist ein Marktsegment das besetzt und bearbeitet wird. Und wenn man als Bank die Möglichkeit hat zu wählen, sollte man sich für eine ethisch-ökologische Spezialisierung einsetzen."

Die nüchterne Betrachtung der ethisch-ökologischen Ausrichtung als Marktsegment das eine Bank bearbeitet, soll den Nutzen oder die Notwendigkeit nicht schmälern. Vielmehr war der Kern der Aussage, dass man diese Nische unbedingt besetzen sollte wenn die Möglichkeit besteht. Nicht nur um den Profit zu sichern oder zu steigern, sondern um ein positives Ergebnis durch ethisch-ökologische Produkte zu erwirtschaften.

Im ethisch-ökologischen Segment des Kapitalmarktes ist eine enorm hohe Nachfrage festgestellt worden. Marktuntersuchungen zeigen, dass sich das Anlagevolumen zwischen 1999 und 2001 um den Faktor vier erhöhte. Und der ethisch-ökologische Bereich des Kapitalmarktes entwickelte sich besser als das Segment konventioneller Fondsprodukte.[51]

b) Wenden sich Kunden die ein ethisch-ökologisches Projekt finanzieren möchten, an ein darauf spezialisiertes Kreditinstitut?

„Eine eigene Bank ist dafür nicht notwendig, allerdings wäre eine darauf spezialisierte Abteilung wünschenswert."

Die Befragten waren sich einig, dass eine kleine spezialisierte Abteilung innerhalb einer konventionellen Bank ausreicht um die Bedürfnisse derartiger Kreditnehmer zu erfüllen. Niemand verlangt dass diese Bereiche von heute auf morgen strikt in zwei verschiedene Institute getrennt werden müssen. Denkbar wäre ein Team das sich im ethisch-ökologischen Be-

---

[50] Karin Sommer 2007, S. 21
[51] Wenzel 2004, S. 36

reich weiterbildet und sich Fachwissen aneignet um mit Kreditnehmer auf Augenhöhe über ihre Projekte sprechen zu können.

Spezialdienstleistungen sind beratungs- und knowhow-intensiv. Eine Spezialisierung der Banken auf die Abwicklung dieser Dienstleistungen ist nicht ganz unproblematisch, da das entsprechende fachliche und methodische Knowhow erst aufgebaut werden muss, das zudem häufig über den Bankbereich hinausgeht und bankfremde Themen betrifft. Ein einzelner Kundenbetreuer ist kaum in der Lage, in allen Fragestellungen über das notwendige Wissen zu verfügen um als kompetenter Berater auftreten zu können. Zu empfehlen ist der Aufbau prozessorientierter Einheiten, in denen jeweils erforderliche Kompetenzen für die Abwicklung der Spezialdienstleistungen aufgebaut werden.[52]

„Erster Ansprechpartner bleibt der persönliche Kundenbetreuer, dieser leitet im Bedarfsfall an den Spezialisten weiter."

Hier kommt es zu einer Überschneidung bei den Interessen. Der Kunde hätte gerne eine Spezialabteilung für ethisch-ökologische Finanzprodukte, möchte aber weiterhin seinen gewohnten Ansprechpartner behalten. Das führt vor Augen das es auch eine Mischung aus konventionell und ethisch-ökologisch geben muss. Ein Bankkunde kann sowohl sein Eigenheim oder Auto konventionell finanzieren und in seiner Tätigkeit als Unternehmer ein ethisch-ökologisches Projekt realisieren. Für das erste Anliegen hat er seinen gewohnten Bankbetreuer und für das zweite die Spezialisten aus der ethisch-ökologischen Abteilung. Somit behält der „Mischkunde" seine vertrauten Ansprechpartner was der Kundenzufriedenheit sicherlich entgegen kommt.

„Eine Bank bzw. der Berater muss derartige Projekte verstehen und einschätzen können. Ohne Knowhow geht es nur um die Rendite um das Risiko der Finanzierung abzubilden."

Diese Aussage spricht den Fachbereich der Spezialabteilung an. Ohne Hintergrundwissen zu grundlegenden Technologien im Umweltsektor oder Energiebereich, fürchten die Kunden, dass die Projekte nicht ausreichend

---

[52] Häfliger et al. 2000, S. 322–323

verstanden werden um das Risiko realistisch einschätzen zu können. Und wenn eine Bank das Risiko nicht richtig erfassen kann, muss ein entsprechender Puffer bei den Konditionen einkalkuliert werden. So muss der Berater das Projekt nicht unbedingt vollkommen verstehen, weil er ja einen Risikoaufschlag dafür verlangt.

Das Gegenteil wäre der Fall wenn die Bank das Risiko realistisch erfassen kann. Dabei spielen nicht nur Technologien, sondern auch Absatzmärkte und Mitbewerber eine Rolle. Möglicherweise auch Peer-Group Vergleiche der wesentlichen Kennzahlen aus einem Businessplan. Was bei Handwerkern, Handelsbetrieben oder Dienstleistern selbstverständlich ist, muss für dieses Marktsegment oftmals erst erarbeitet werden weil die Branchenvergleiche fehlen und man noch keine Erfahrungswerte von anderen Bankkunden hat.

"Der Risikoaufschlag steigt überproportional mit der Ausfallwahrscheinlichkeit, das heißt selbst kleine (absolute) Veränderungen der Wahrscheinlichkeit des Kreditausfalls können zu einer erheblichen Zunahme des risikoadäquaten Darlehenszinssatzes führen. Im Prinzip lässt sich jedoch jedes Ausfallsrisiko durch einen [...] kalkulierbaren Zinsaufschlag kompensieren."[53]

„Eine Spezialisierung sollte auf Basis der 3 Fragen erfolgen: Rendite, Wachstum und Risiko. Wenn eine Bank diese Fragen bei einem ethisch-ökologischen Projekt sicher beantworten kann, ist sie in diesem Marktsegment kompetent und kann auch größere Risiken bei Projektfinanzierungen verstehen und übernehmen."

Das strategische Ziel eines jeden Unternehmens ist das Überleben. Nicht die Zahlungsunfähigkeit oder Überschuldung die zum Marktaustritt führt. Erreicht wird das durch ausreichende Liquidität und einem nachhaltig stabilen oder steigenden Marktwert des Eigenkapitals. Die Steigerung des Marktwertes ist an drei wesentliche Kriterien gebunden: Rendite, Wachstum und Risiko. Dies sind die "Werttreiber" eines jeden Unternehmens.[54]

---

[53] Gischer et al. 2005, S. 88
[54] Schirmer 2010, S. 236–237

Diese Aussage führt uns wieder zum Kern der jeweiligen Unternehmung. Die Bank muss das ethisch-ökologische Geschäftsmodell verstehen und den Markt einschätzen können um kompetent und passend zu finanzieren. Gerade in diesem Marktsegment spielen Förderungen eine große Rolle. Es muss auch berücksichtigt werden was passiert wen staatliche Gelder gestrichen werden. Ist das Projekt trotzdem lebensfähig, wie wirkt sich das auf die Rendite aus, steigt das Risiko eines Ausfalls, etc.?

Wie schon in vorherigen Antworten angesprochen, sollte der Bankberater die zu finanzierenden Geschäftsfelder der Projektbetreiber verstehen und sie einschätzen können. Nicht zwangsweise durch eigene fachliche Kompetenz bis ins kleinste Detail, sondern vielmehr durch Beobachtung von Branchendiensten, informeller Austausch mit Verbänden oder den Besuch von Tagungen der Branchenvertreter. Da die meisten Banken, Sparkassen oder Genossenschaftsbanken hierarchisch aufgebaut sind, könnte diese Aufgabe auch die Zentrale (Landesbank) übernehmen. So könnte das Wissen an die Spezialabteilungen der Filialen oder selbstständigen Partnerbanken verteilt werden.

c) Welche Rolle spielen Förderungen von Staat und Bank für den Kreditnehmer?

1c) Förderungen durch den Staat

„Sind sinnvoll und nützlich, gleichzeitig aber sehr bürokratisch, mit hohem Aufwand verbunden und eine Spielwiese der Politik."

Dieser Interviewpartner kommt aus dem Agrarbereich und kritisiert die seiner Meinung nach in Österreich weit verbreitete Klientelpolitik.

Klientelpolitik bezeichnet die Verfolgung einer Politik unter Ausklammerung des Gemeinwohls. Dabei stehen die Interessen des potentiellen Wählerkreises im Vordergrund. Die Leistung der Politik umfasst dabei Schutz, Sicherheit, Vermittlung und Interessenvertretung. Geboten wird dafür vom Wähler seine Gefolgschaft und Loyalität.[55]

---

[55] de.wikipedia.org 2012

Dadurch orientieren sich viele Förderungen an den Interessen der größeren Wählerschaft, aber nicht am Interesse der Gemeinschaft. Wobei das eine das andere nicht unbedingt ausschließt. Für eine ausgewogene Förderlandschaft ist aber Klientelpolitik das falsche Werkzeug.

Ein positives Beispiel ist die seit 01.08.2012 vereinfachte Förderung von Photovoltaikanlagen zur Stromgewinnung. Vor diesem Datum musste man ein aufwändiges Genehmigungsverfahren durchlaufen wenn man Fördermittelzugesprochen bekam. Jetzt genügt die Meldung bei der Wohnsitzgemeinde über die Errichtung einer Anlage. Was jetzt noch fehlt ist etwas Glück bei der Fördermittelvergabe über das Internet. Innerhalb von Minuten wird das gesamte Fördervolumen für das ganze Jahr vergeben. Kommt man hier nicht zum Zug heißt es warten bis nächstes Jahr. Allerdings ist dieses Verfahren sehr effizient für die Verwaltung. Der Förderwerber erledigt sämtliche Eingaben selbstständig und die Software Überwacht die Vergabe der Fördermittel nach Zeitstempel am Webserver. Die Vergabestelle braucht anschließend nur mehr die Eingaben abzuarbeiten und auf Vollständigkeit und Richtigkeit zu überprüfen.

„Nicht ausschlaggebend um im ethisch-ökologischen Bereich tätig zu werden. Diese Projekte sollten sich auch ohne Förderungen rentieren."

Hier steht die Abhängigkeit von Förderungen im Vordergrund. Man sollte sich nicht allzu sehr auf Förderungen verlassen. Diese können bei geänderten politischen oder wirtschaftlichen Verhältnissen sehr schnell auslaufen, gekürzt oder sonst wie verändert werden. Die Kalkulation des Projekts sollte auch völlig ohne Förderungen funktionieren. Zumindest sollten Szenarien durchgespielt werden die eine Kürzung oder völlige Streichung der Förderung berücksichtigen um nicht in Liquiditätsprobleme zu geraten.

Der große Vorteil von Förderungen ist die Reduzierung der Finanzierungskosten auf die gesamte Kreditlaufzeit.

Ein Beispiel für den Bau eines Schweinestalls:

Aufgeteilt in   € 36.000,- Investitionszuschuss

€ 120.000,- AIK (Agrarinvestitionskredit)

€ 132.000,- Bankkredit

Gesamtkosten € 288.000,-

Für den AIK wurde ein Bruttozinssatz von 3,375% und 36% Zinsenzuschuss angenommen, für den Bankkredit ein Zinssatz von 3,5%. Die Laufzeit der Kredit beträgt 15 Jahre.

Bei dieser Finanzierung ergeben sich jährliche Kosten für Zinsen und Tilgungen in Höhe von € 20.757,- und ohne Investitionszuschuss ein Wert von 23.580,-.[56]

Wenn man die Differenz auf die Laufzeit hochrechnet und dabei auch eventuell steigende Zinsen berücksichtigt, ergeben sich erhebliche Mehrkosten die das Projekt scheitern lassen können wenn die Kalkulation nicht darauf ausgerichtet wurde.

„Die Gefahr ist eher das ein Projekt nur realisiert wird weil es dafür Förderungen gibt."

Förderungen setzen Anreize für Investitionen. Es muss allerdings mit Vorsicht gefördert werden. Sollte es sich um einen Bereich handeln der ohne Subventionen gar nicht auskommt, ergibt sich eine starke Abhängigkeit. Auch hier wäre zu hinterfragen ob das Projekt überleben kann wenn die Förderungen gestrichen werden. Zum Beispiel durch höhere Produktpreise.

Umgekehrt könnte es auch im Sinne des Förderers liegen einen Bereich zu unterstützen der für sich alleine noch nicht tragfähig ist. Eine Innovation für die sich erst ein Markt etablieren muss. Diese Impulse können sowohl aus der Politik als auch schon Interessensvertretung kommen die darin ein Zukunftspotenzial sehen. Die Herausforderung besteht darin die Förderungen rechtzeitig und nicht zu spät oder zu früh zu reduzieren um einen freien Markt zu schaffen der nicht durch Subventionen verzerrt wird.

---

[56] DI Josef Gutmann 2012

Vorteile von Förderungen:

- Chancengleichheit für Wirtschaftsräume in strukturschwachen Regionen.
- Förderung von Marktzutritt und –verbleiben.
- Schaffung von Arbeitsplätzen.
- Teilweise Kompensation von regionalen Unterschieden.

Nachteile von Förderungen:

- Oft nur nach den Lobbybranchen ausgerichtet.
- Kosten Steuergelder und führen letztlich zu höheren Steuern.
- Marktverfälschung, da Angebot und Nachfrage künstlich über den Preis verändert werden.
- Erschwerter Marktzugang für etablierte Unternehmen und Unternehmen, die nicht unter diese Subventionen fallen.[57]

„Schlecht durchdachte Förderungen können einen Markt in der Preisbildung und letztlich in der Versorgung behindern (z.B. Stichtagsbezogene Zählungen lösen große Einlagerungen aus und anschließend verfällt der Preis wegen eines Überangebots)."

Das angeführte Beispiel bezog sich auf Förderungen für Kühe die an einem Stichtag im Jahr gezählt werden müssen um damit die Förderhöhe festzustellen. Damit wird erreicht, dass der Handel mit den Tieren kurz vor diesem Stichtag zum Erliegen kommt und die Preise in die Höhe schnellen. Und kurz danach gibt es am Markt ein Überangebot das die Preise wieder fallen lässt. Hier sollte über ein anderes Ermittlungsverfahren nachgedacht werden um den Markt nicht zu verzerren. Der Kern der Aussage ist demnach, dass auch gute Förderungen durch schlechte Ausführung einen Schaden anrichten können.

"Ein Beispiel: Deutschland hat eines der besten Ökostromgesetze der Welt und fördert ganz besonders die Stromerzeugung mit Hilfe von Photovoltaik. Die Fördertarife für Strom aus Photovoltaik werden jedes Jahr um rund 5% gekürzt. Darauf reagiert der Markt für Photovoltaikmodule fein abgestimmt ebenfalls mit einem Preisrückgang von etwa 5%, obwohl auf

---

[57] Cogbyte

Grund der großen Absatzzahlen die Modulpreise wesentlich stärker in Preis fallen. An den Markt werden aber nur die unbedingt notwendigen 5% weitergegeben, gerade so viel, um die Balance zwischen geförderten Einspeistarifen und Modulpreis zu halten!"[58]

„Kleinere ethisch-ökologische Projekte müssen sich nicht rechnen, diese werden nur wegen der Sinnhaftigkeit umgesetzt."

Hier wurden kleiner Maßnahmen innerhalb einer bereits laufenden Unternehmung angesprochen. Das ethisch-ökologische Projekt als Teilstück der restlichen Firma. Zum Beispiel die Ausstattung eines Produktionsbetriebes mit einer Photovoltaikanlage um damit einen Teil des Strombedarfs selber zu erzeugen. Hier wird nicht unbedingt der Fokus auf die Rentabilität gelegt. So lange irgendwann der Break Even erreicht wird, also der Punkt an dem sich die Investitionskosten durch die laufende Stromkosteneinsparung amortisieren.

Eine weitere Aussage des Interviewpartners „Es muss sich nicht alles rechnen, so lange es vernünftig und nachhaltig ist."

„Der Staat wird mit den Ansprüchen der Gesellschaft überfordert. Jeder sagt sich: „Sparen ist notwendig, aber bitte nicht bei mir!"."

Eine Anspielung auf die derzeit vorherrschende Krise der Staatshaushalte. Die moderne Gesellschaft stellt vielfältige Ansprüche an den Staat und an die Politik. Und diese versucht denen gerecht zu werden.

Auf den ersten Blick könnte man meinen, dass diese Antwort nicht passend ist für die Forschungsfrage. Allerdings war dem Autor der letzte Satz sehr wichtig. Förderungen bekommt heute fast jeder in allen Bereichen, egal ob Privat oder Unternehmen. Und das führt zu einer Gewohnheit, einem gewissen Anspruch, dass man selbst diese Förderung verdient hat. Sollen doch die anderen zurückstecken.

Heute wird oftmals nicht mehr gefördert weil es sinnvoll, umweltfreundlich oder innovativ ist, sondern jeder soll etwas bekommen. Und das überfordert den Staat mit seinen zahlreichen Aufgabenbereichen die er mittlerweile übernommen hat.

---

[58] Hans Meister 2009

Die öffentlichen Bedürfnisse an den Staat wuchsen mit der Industrialisierung rapide an. Insbesondere rückten fünf Bereiche in den Status eines öffentlichen Gutes und entwickelten sich somit zu Staatsaufgaben.

1. Ein tragfähiges Bildungssystem
2. Ein entwickeltes Rechtssystem
3. Eine aktive Ordnungspolitik
4. Die Verkehrsinfrastruktur
5. Soziale Sicherungssysteme[59]

Ein Grund mehr den Wildwuchs bei den Förderungen zu überdenken.

„Maßvolle Förderungen sind nützlich und sinnvoll um Innovationen zu fördern."

Hierzu ein interessanter Bericht vom Centrum für Europäische Politik in Freiburg:

"Aus einer Eurobarometer-Umfrage zitiert die Kommission wesentliche Hemmnisse für Öko-Innovationen: unzureichender Zugang zu bestehenden Subventionen und steuerlichen Anreizen, fehlende Mittel innerhalb des Unternehmens, unsichere Kapitalverzinsung und zu lange Amortisationszeit für Öko-Innovationen, unsichere Marktnachfrage.

Sie weist darauf hin, dass diese Hemmnisse "mit denen vergleichbar sind, vor denen alle innovativen Unternehmen stehen". Doch sind sie für Unternehmen, die Öko-Innovationen entwickeln, "oft schwerer zu überwinden".

Als Triebfedern für Öko-Innovationen identifiziert die Kommission: gute Geschäftspartner, aktuell hohe Materialkosten, aktuell hohe Energiepreise, die Erwartung zukünftig hoher Energiepreise."[60]

---

[59] Armin Hipper 2005, S. 13
[60] Götz und Voßwinkel 2012

Förderungen sind nicht immer der erste Anreiz für Innovationen, wie man sieht gibt es zahlreiche weitere Faktoren die zu einer Weiterentwicklung führen können.

2c) Förderungen durch die Bank

„Netzwerktätigkeit um Kunden zusammenzuführen die sich gegenseitig unterstützen können."

Die Bank fungiert hier nicht nur als Geldgeber, sondern auch als Vermittler zwischen Firmenkunden die sich bei laufenden Projekten gegenseitig unterstützen könnten. Der Kreditnehmer meldet einen Bedarf von verschiedenen Handwerkern, Technikern oder auch Dienstleistungen und die Bank führt diese nach Einverständnis des zweiten Kunden, der eine passende Leistung anbietet, zusammen. So bleibt das Bankgeheimnis gewahrt und der Kreditnehmer kann darauf vertrauen das er von der Bank a) Geschäftspartner mit passender Bonität und b) mit ethisch-ökologischem Schwerpunkt bekommt.

Eine solche Dienstleistung der Bank geht weit über das Geldgeschäft hinaus und ist sicherlich nicht ohne Risiko zu betrachten. Geschäftskunden aus den gleichen Branchen könnten sich benachteiligt vorkommen wenn sie nicht vermittelt werden und die Bank könnte in einen Interessenskonflikt geraten.

„Entwicklung von Produkten die Geld für ethisch-ökologische Projekte einsammeln."

Das ist die Forderung nach passenden Produkten für den ethisch-ökologischen Sparer. Ohne entsprechende Produkte, wird kein Geld für diese Zwecke eingesammelt und kann daher auch nicht für Kredite zur Verfügung gestellt werden.

Der Beginn dieses Kreislaufs dürfte zur schwierigsten Phase bei der Bearbeitung des neuen Marktsegments werden. Man hat noch keine Projekte zum Vorzeigen und die Kunden müssen darauf vertrauen, dass das Geld auch wirklich für ethisch-ökologische Projekte verwendet wird.

Ein Anfang wäre eine auferlegte Selbstverpflichtung in Form einer Art Garantie, die dem Kunden die sinngemäße Nutzung des Spargeldes verspricht. Darin werden genau abgegrenzt die Bereiche aufgelistet für die das Spargeld verwendet werden darf.

„Die Bank kann durch Transparenz nachweisen wo das Geld herkommt und wohin es geflossen ist. Dadurch könnte sich der Sparer auch darauf besinnen in der Region einzukaufen um damit eventuell sein eigenes Investment zu fördern."

Eine Forderung die sich nur sehr schwer realisieren lässt. In Österreich gilt nach wie vor ein sehr strenges Bankgeheimnis.

Der §38 Bankwesengesetz besagt sinngemäß, dass Kreditinstitute die Geheimnisse die ihnen ausschließlich auf Grund der Geschäftsverbindung mit Kunden anvertrauten oder zugänglich gemachten worden sind, nicht offenbaren oder verwerten dürfen. Die Geheimhaltungsverpflichtung gilt zeitlich unbegrenzt. Die Verpflichtung zur Wahrung des Bankgeheimnisses besteht allerdings nicht laut 5. wenn der Kunde der Offenbarung des Geheimnisses ausdrücklich und schriftlich zustimmt.[61]

Es müsste also jeder Kreditnehmer schriftlich einer Veröffentlichung zustimmen um völlige Transparenz zu erreichen. Die Gemeinschaft für Leihen und Schenken, kurz GLS, fordert alle Firmenkunden dazu auf bei einer Finanzierung auf das Bankgeheimnis zu verzichten und veröffentlich anschließend alle Daten in der 3 mal im Jahr erscheinenden Bankzeitung „Der Bankspiegel" mit vollem Firmennamen, Höhe des Kredites und Verwendungszweck.

„Offensives Marketing für ethisch-ökologische Sparprodukte um genügend Geld zur Verfügung stellen zu können."

Die Entwicklung und Auflage eines ethisch-ökologischen Sparprodukts ist die eine Seite. Und die offensive Bewerbung die andere. Man kann das tollste und sinnvollste Produkt im Angebot haben, wenn man es nicht bewirbt wird es auch nicht verkauft oder besser gesagt bespart.

---

[61] Bundeskanzleramt 2008

Das Produktmarketing befasst sich nicht nur mit dem Verschicken von Mailings oder der Organisation von Messeauftritten, sondern bezieht sich auch auf die marktgerechte Gestaltung von Produkten. Ganzheitlich betrachtet fasst man darin alle Aktivitäten zusammen die den Absatz von Waren und Dienstleistungen begünstigen. Besser bekannt unter den "4P": Product, Price, Place und Promotion.[62]

In unserem Fall wären die beiden letzten Punkte wie Place und Promotion wichtig. Bei Place geht es um die Auswahl, Betreuung und Motivation der Vertriebsmannschaft. Ohne Verständnis für das Produkt beim Mitarbeiter, scheitert auch die beste Werbung. Wenn es nur halbherzig oder gar nicht angeboten wird, kommt es nicht bis zum Endkunden.

Und bei Promotion geht es um die direkte Absatzförderung nach außen. Also direkt an den Kunden gerichtete Werbung, PR und gezielte Ansprachen, zum Beispiel am Schalter.

„Die Bank fördert auch durch eine ordentliche Projektprüfung und eine schnelle Bewilligung bzw. Abwicklung der Finanzierung."

Hier wird wieder das Knowhow angesprochen, das notwendig ist um versiert und rasch eine Projektprüfung hinsichtlich einer Kreditgewährung vorzunehmen. Gefördert wird das durch entsprechendes Fachwissen des Beraters, flache Hierarchien bei der Entscheidungsfindung und einer raschen Aufbereitung der notwendigen Kreditunterlagen inklusive Sicherheitenverträge und die Auszahlung des Kredites.

Die Kunden empfinden es als positiv wenn ein zu finanzierendes Projekt rasch und eingehend geprüft wird, unabhängig davon ob darüber positiv oder negativ entschieden wird. Sollte eine Kreditzusage erfolgen, muss dann auch die weitere Bearbeitung in gleichem Tempo fortgesetzt werden. Das liegt allerdings bei den meisten Banken nicht mehr in der Hand des Beraters, der dabei auf das Backoffice und die Kreditgestion angewiesen ist.

"Die Kreditprüfung und die Kreditstrukturierung dienen der Entscheidungsvorbereitung. Das Ergebnis ist ein differenziertes Kreditprotokoll (Kreditantrag), das die Chancen und Risiken eines Engagements transparent

---

[62] Matys 2005, S. 178–179

macht. Die Kreditbewilligung steht von Fall zu Fall in der Kompetenz einer Einzelperson (z.B. Kundenberater, Kreditspezialist,...), in der Kollektivkompetenz zweiter Einzelpersonen oder in der Kompetenz eines Gremiums (z.B. Kreditausschuss, Geschäftsleitung)."[63]

Daher zieht sich dieser Kundenwunsch gleich durch mehrere involvierte Abteilungen. Vom Berater über den eventuellen Bewilliger mit höherer Betragskompetenz bis in die Kreditabteilung und wieder retour zum Kunden.

„Bei einer eventuellen Präsentation sollte die finanzierende Bank hinter dem Projekt und der Firma stehen (z.B. bei Eröffnungen von Produktionen, Firmenfeiern, Tag der offenen Tür, etc.). Das zeugt von Vertrauen in die Firma und das Projekt."

Gemeint ist hier die Anwesenheit einer Bankdelegation bei einer Unternehmensveranstaltung, mit aktivem Anteil. Ein Beispiel wäre, dass eine Bank die Umstellung einer Lebensmittelproduktion auf erneuerbare Energien finanziert um damit den CO_2 Ausstoß zu senken und auf lange Sicht die Kosten zu senken. Bei der feierlichen Einweihung der neuen Produktionshalle lädt das Unternehmen zum Tag der offenen Tür, umrahmt mit musikalischer Gestaltung der örtlichen Blaskapelle und einem kulinarischen Rahmenprogramm. Bei derartigen Festen kommen auch zahlreiche Ehrengäste zu Sprache.

"Der Tag der offenen Tür ist der Klassiker unter den PR-Instrumenten für die lokale Kommunikation. Er bietet die optimale Gelegenheit, um der lokalen Öffentlichkeit die speziellen Leistungen, Produkte oder Entwicklungen Ihres Unternehmens [...] zu präsentieren."[64]

Und hier wurde jetzt von einem Unternehmer der Wunsch geäußert, dass sich auch die finanzierende Bank in den offiziellen Teil der Veranstaltung einbringt. Zum Beispiel durch eine kurze Rede über die langjährige Zusammenarbeit mit der Firma oder einen kurzen Bericht über die erfolgreiche Finanzierung für das Unternehmen und den Schutz der Umwelt.

---

[63] Lüscher-Marty, S. 3.08
[64] Grupe 2011, S. 309

Damit soll nach außen demonstriert werden, dass die Bank hinter dem Projekt und dem Unternehmen steht. Das wiederrum gibt den geladenen Kunden und Lieferanten entsprechendes Vertrauen in die Firma.

Fragen zu ethisch-ökologischen Veranlagungen:

d) Welche Anforderungen stellen Kunden einer ethisch-ökologischen Veranlagung an ihre Bank?

„Produkte kennzeichnen sich durch Investitionen in erneuerbare Energien, Umweltschutz, Förderungen der Gesellschaft, etc."

Diese Anforderung richtet sich direkt an das Finanzprodukt. Hier werden vom Interviewpartner Kriterien geliefert die bei der Produktgestaltung erfüllt werden sollten um als ethisch-ökologisch zu gelten. Wie bereits bei den Definitionen weiter vorne aufgezeigt, weiß auch der potentielle Kunde ganz genau was er bei dieser Art von Veranlagung erwartet und was er ablehnt. Hierzu ein Auszug aus einem Bericht des Diakonischen Werk der EKD e.V..

"[...] Als die kritische Auseinandersetzung mit Geldanlagen in Kontinentaleuropa Fuß fasste, veränderten sich die Kriterien noch einmal. Sie wurden "Grün" und hießen seitdem "ökologische" und später "nachhaltige" Geldanlagen. Auch den Initiatoren oder Anlegern nachhaltiger Investitionen geht es weniger darum, ethisch einwandfrei zu handeln, sondern vor allem darum, unternehmerisches Handeln zu beeinflussen. Neu ist bei dieser ökologischen Variante, dass man nicht nur negatives Verhalten mit Kapitalabzug bestrafen will, sondern nach positiv handelnden Unternehmen sucht, in die man verstärkt investiert. Um den Unterschied zwischen den positiv und den negativ zu bewertenden Unternehmen feststellen zu können, entstanden im Zuge der Weiterentwicklung des nachhaltigen Investments ausgefeilte Ratingsysteme mit Hunderten von Kriterien, nach denen Unternehmen analysiert und miteinander verglichen werden können.[65]

---

[65] Antje Schneeweiß 2010, S. 8

Auch ethisch-ökologische Finanzprodukte unterliegen dem Wandel der Zeit. Sie passen sich den modernen Anforderungen an und nehmen immer wieder neue Kriterien auf um die Idee dahinter voran zu treiben.

„Die Auswahl der Veranlagung durch Ausschlusskriterien „Gut" und „Böse". Das Investment muss sowohl die guten Kriterien, wie Umweltschutz oder gesellschaftlicher Nutzen, erfüllen als auch die schlechten Kriterien, wie Waffenhandel, Ausbeuten oder Kinderarbeit, vermeiden."

Wie wir vorher schon gesehen haben, war es früher üblich nur die Negativkriterien zu vermeiden. Mittlerweile wird auch Wert auf Positivkriterien bei der Auswahl des Investments gelegt.

Die Negativkriterien wurden in dieser Untersuchung schon ausführlich behandelt, daher hier nur ein kurzer Auszug zu den Positivkriterien für Unternehmen und Staaten.

Unternehmen:

- Einhaltung der Menschenrechte
- Nachhaltige Unternehmensführung
- Entwicklungsförderung intern und im Umfeld von Unternehmen
- Sozial und entwicklungspolitisch sinnvolle Produkte
- Ökologisch sinnvoll Produkte
- Umweltmanagement
- Umweltengagement in Entwicklungs- und Schwellenländern

Staaten:

- Einhaltung der Menschenrechte
- Entwicklungspolitisches Engagement
- Engagement für den Frieden
- Gute Regierungsführung
- Umweltschutz im nationalen Kontext
- Umweltschutz im internationalen Kontext

Alle diese Positivkriterien müssen für ein ethisch-ökologisches Investment erfüllt werden. Hier gilt es nicht so viele Punkte wie möglich zu erfüllen, sondern alle müssen eingehalten werden. Nur dann erreicht man mit dem persönlichen Einsatz des Ersparten den gewünschten Lenkungseffekt bei den Empfängern des Geldes.

„Es muss ein sehr hohes Vertrauen in die Bank und den Berater vorhanden sein. Es sollte keine Masche für Kundenfang sein, also kein konventionelles Sparprodukt das einfach „grün" eingefärbt wird. Wünschenswert wäre ein Rechenschaftsbericht der alle finanzierten ethisch-ökologischen Projekte in einem Jahr auflistet, der von einer unabhängigen Stelle (z.B. Raiffeisen Revisionsverband) bestätigt wird."

Hier steht die Transparenz im Vordergrund. Der Kunde möchte genau wissen worin sein Geld investiert wurde und möchte darüber eine Bestätigung einer externen Prüfung. Zunächst müssen intern Kriterien geschaffen werden an denen sich die externe Prüfung orientieren kann. Dies könnte zum Beispiel ein eigener Rechnungskreis für ethisch-ökologische Spargelder sein der nicht mit den konventionellen Sparprodukten vermengt wird. Und zusätzlich eine Art „Umweltgarantie" oder Richtlinienkatalog der die Möglichkeiten einer Kreditaufnahme festlegt. Darin steht für was ein Unternehmer, Landwirt oder Freiberufler das Geld in Anspruch nehmen darf.

Anhand dieser Ausrichtung ist es anschließend einer externen Wirtschaftsprüfung wie dem Revisionsverband oder einer Wirtschaftskanzlei möglich die Einhaltung zu überwachen und zu bestätigen. Damit wäre von unabhängiger Seite eine Überwachung der Einhaltung möglich und dem Kunden zugänglich. Eingepackt in einen Rechenschaftsbericht der zusätzlich die finanzierten ethisch-ökologischen Projekte nach Betragshöhe und Verwendungszweck auflistet. Damit wäre trotzdem das Bankgeheimnis gewahrt, da auf die Nennung der einzelnen Kreditnehmer verzichtet wird.

„Produktbezogen sollte das Geld möglichst direkt bei den Investoren ankommen, ohne viele Zwischenstationen die Kosten verursachen."

Hier wurden zunächst spezielle Ethik-Investmentfonds vom Interviewten angesprochen. Dabei werden Gelder von privaten Investoren eingesammelt und in viele verschiedene Projekte investiert die meist von einem Ethikbeirat beurteilt und für die Investition freigegeben werden.

Die Kosten eines Investmentfonds setzen sich zusammen aus dem Ausgabeaufschlag, den Verwaltungskosten, der Depotgebühr und eventuell einer Erfolgsbeteiligung des Managements bei Überschreitung des Anlageziels (z.B. einer Benchmark oder einer Peer-Group) oder als Beteiligung am absoluten Gewinn. Zusammengefasst werden diese Kosten in der sogenannten Total Expense Ratio (TER) oder mittlerweile auch laufende Kosten genannt. Diese TER bewegt sich je nach Fondskategorie zwischen 0,5% bei Geldmarktfonds bis zu 2,5% bei Aktienfonds.[66] Das schmälert natürlich den endgültigen Betrag der dann tatsächlich beim ethisch-ökologischen Projekt ankommt.

In diesem Fall wäre es für den Kunden besser ein klassisches Sparbuch dieser Art zu wählen. Dabei geht das Geld direkt ohne Umwege an den Kreditnehmer der die Zinsen wieder an die Bank bezahlt die sie mit Abschlägen (Gewinnanspruch) an den Sparkunden weiter reicht.

„1-2 Produkte nur für das gute Gewissen der Bank sind zu wenig. Gefragt ist ein wohl überlegtes Angebot, ein guter Mix verschiedener ethisch-ökologischer Investmentmöglichkeiten."

Diese Aussage greift die derzeit vorherrschende Produktpolitik bei manchen Banken und Finanzvertrieben auf. Dem Kunden werden als Alternative und für das gute Gewissen 1-2 „grüne" Produkte angeboten, ohne Hintergrundwissen und ohne zu hinterfragen für was dieses Produkt steht und wem es hilft. Sobald der Kunde etwas mehr wissen möchte wird auf das Fondsmanagement oder den Anbieter des Produktes verwiesen.

Diese Situation ist für viele ethisch-ökologische Anleger unbefriedigend. Sie möchte alle Details kennen und sich mit der Idee identifizieren können. Wie wir bereits in vorherigen Antworten festgestellt haben, ist Transparenz

---

[66] Vincent Löhn 2012

bis hinunter zum einzelnen Projekt notwendig um ein Vertrauen aufzubauen. Und das Vertrauen wächst ständig. Laut Fachverband Forum Nachhaltige Geldanlagen (FNG) ist der Markt für nachhaltige Geldanlagen in Deutschland im Jahr 2011 um 11% oder auf 63Mrd. Euro gewachsen. [67]

„Man sollte eine eigene Abteilung einrichten und diese ausbauen wenn das notwendige Vertrauen und die Nachfrage der Kunden vorhanden sind."

Diese Antwort fand sich auch bei den Interviews auf der Kreditseite. Auch hier wird eine eigene spezialisierte Abteilung innerhalb einer Bank als gute Lösung gesehen. Diese wird nach und nach ausgebaut wenn sich der Kundenstamm langsam aufbaut und mehr Personal notwendig macht.

„Es ist keine maximale Rendite notwendig, viel wichtiger ist die sinnstiftende Verwendung des Geldes."

Eine wesentliche Anforderung an ein ethisch-ökologisches Investment, die jeder Befragte zur Antwort gab. Der Zweck der Veranlagung ist nicht primär die Geldvermehrung sondern der sinnvolle Einsatz. Die dabei anfallenden Zinsen sind nur nettes Beiwerk, für die gute Tat sozusagen.

Der Zusammenhang zwischen Nachhaltigkeit und Rentabilität ist ein viel untersuchter Forschungsgegenstand. Die Studien kommen dabei zu dem Ergebnis, dass die Anleger in der Vergangenheit nicht auf eine gute Performance verzichten mussten. Weitere interessante Ergebnisse dieser Untersuchungen: Die Gewinne von Unternehmen mit einem effizienten Nachhaltigkeitsmanagement fallen nicht niedriger aus als die vergleichbarer "konventioneller" Unternehmen. Die Kurse von grünen Aktien entwickeln sich nicht schlechter als ihre konventionellen Pendants. Fast alle ökologisch orientierten Aktienindizes weisen eine bessere Wertentwicklung auf als entsprechende konventionelle Indizes. Und die Kursentwicklung von Öko-Fonds die sich schon länger am Markt befinden, entspricht weitgehend den anderen vergleichbaren Fonds.

---

[67] nck 2012

Der wirtschaftliche Erfolg nachhaltiger Unternehmen ist dabei kein Zufall. Ein besseres Kundenimage, höhere Energie- und Ressourceneffizienz in der Produktion, höhere Motivation der Mitarbeiter, aber auch der Einsatz eines umfassenden Risikomanagements verschaffen diesen Unternehmen einen Vorsprung am Markt.[68]

„Die Produkte sollten nicht zu breit aufgestellt sein, sondern in wenige Bereiche investieren, so dass die Übersicht für den Sparer gewahrt bleibt."

Diese Antwort richtet sich auch wieder eher gegen die Investmentfonds, hin zu klassischen Sparbüchern, Anleihen oder auch Mikrokrediten in Entwicklungsländern. Dabei kommt jedes Sparprodukt in Frage das im Kern nur einige wenige Projekte unterstützt die der Anleger nachvollziehen und verfolgen kann. Eine zu breite Streuung führt für viele wieder zu nicht erwünschter Unübersichtlichkeit. Auch das ist ein weiterer Wunsch nach Transparenz. Es wird vermutet das der Produktgeber bei zu lockerer oder breit gestreuter Veranlagungsmöglichkeiten, auch mal in Versuchung geführt werden könnte ein Investment abzuschließen das eigentlich nicht mehr dem Veranlagungsrichtlinien entspricht, aber dafür hohe Rendite verspricht.

„Gefragt sind Hintergrundwissen und Interesse des Beraters im ethisch-ökologischen Bereich und Fachwissen über ebensolche Veranlagungen."

Das Hintergrundwissen entsteht prinzipiell mit dem persönlichen Interesse. Wenn sich jemand mit einem Themengebiet, wenn auch nur beruflich, ausführlich und über längere Zeit beschäftigt entsteht auch das sogenannte Hintergrundwissen, ein tieferes Verständnis. Man bekommt Einblick in die Funktionsweisen hinter der Fassade einer Thematik. In diesem Fall würde das Wissen wahrscheinlich aus zahlreichen Gesprächen mit Projektbetreibern, Kunden und Branchendiensten entstehen. Man tauscht sich untereinander mit den Kollegen aus und vielleicht entsteht auch ein privates Interesse dafür. Das Optimum wäre wahrscheinlich ein Berater

---

[68] ÖGUT - Österreichische Gesellschaft für Umwelt und Technik

der sich auch privat mit ethisch-ökologischen Themen beschäftigt und sich am laufenden hält. Denkbar wäre auch eine Aufteilung der Themengebiete unter den Beratern. Ein Spezialist für Windkraft, für Biomasse, für Solaranlagen und Photovoltaik, etc., somit hätte jeder eine Kernkompetenz bei der man relativ schnell und einfach auf dem Laufenden bleiben kann.

„Wünschenswert wären Exkursionen der Anleger zu den damit finanzierten Projekten (z.B. bei Eröffnungsfeiern oder Tag der offenen Tür)."

Ein sehr interessanter Wunsch eines Interviewpartners. Interessant deswegen weil es die Art des Produktvertriebs im Finanzbereich in eine neue Dimension hebt. Bisher arbeiten Berater mit Bildern die im Kopf eines Sparers entstehen. So wie etwa „stellen sie sich vor was sie in 10 Jahre mit dem ersparten Geld für eine tolle Weltreise mit ihrer Frau machen können". Der Berater ist auf die Vorstellungskraft des Kunden angewiesen um diesem den Sinn des Sparens näher zu bringen und um ihn davon zu überzeugen Geld auf die Seite zu legen.

Bei obigem Vorschlag könnte man dem Sparer direkt anbieten sein Objekt der Investition zu besuchen, anzugreifen und zu erleben. Er könnte mit der Geschäftsleitung und den Mitarbeitern reden und könnte zu Hause die Entwicklung verfolgen. Es wäre ein Sparprodukt mit tatsächlich erlebbaren Ergebnis. Konventionell verschwindet das Spargeld im Rechnungskreis der Bank und wird als Buchgeld irgendwo als Kredit wieder vergeben. Und bei diesem Vorschlag wäre die Nachvollziehbarkeit gegeben. Man könnte dem Kunden ganz klar zeigen was mit seinem Geld passiert ist. Hier ist allerdings Voraussetzung, dass derjenige ethisch-ökologische Projektbetreiber das auch möchte. Hier wären sicherlich einige juristische Fragen im Vorfeld zu klären. Aber der Autor hält diesen Vorschlag nicht für Utopie, sondern eine passende Ergänzung zum Thema Transparenz.

Eine Exkursion ist ein Ausflug mit speziellen Besichtigungen unter bildender Leitung und Zielsetzung. Ein Exkursionsführer erläutert Hinweise und Zusammenhänge anhand vor Ort sichtbarer Gegebenheiten. Ziel ist die

Weiterbildung der Teilnehmer einer bestimmten zusammengehörigen Interessengruppe.[69]

e) Was sind die Gründe sich für ein ethisch-ökologisches Investment zu entscheiden?

„Durch die bewusste Veranlagung des eigenen Geldes möchte man aufzeigen das es möglich ist im Einklang mit der Gesellschaft und der Umwelt zu produzieren, egal ob Lebensmittel, Energie oder Konsumartikel."

In diesem Abschnitt kommt es zu zahlreichen Überschneidungen bei den Antworten. Hier wird die bewusste Veranlagung angesprochen. Die Entscheidung in etwas zu investieren wird durch eigene Kriterien gestützt. Jeder der ethisch-ökologisch veranlagt hat für sich Maßstäbe die diese Veranlagung erfüllen muss. Und in diesem Fall soll das Geld einen Lenkungseffekt haben. Die konventionelle Industrie oder der konventionelle Markt für bestimmte Produkte, soll erkennen das diejenigen Firmen unterstützt werden die mit der Umwelt und der Gesellschaft arbeiten und produzieren anstatt dagegen.

„Die konventionelle Industrie soll erkennen, dass es auch anders geht. Viel Anlegergeld könnte den Markt in Richtung Nachhaltigkeit bewegen (der Einfluss wächst mit der Geldmenge)."

"Die Mittelverwendung als Motiv ethisch-ökologischer Anleger. Rendite, Risiko und Liquidität sind die klassischen Motivationskriterien in der Finanzwirtschaft. Diese Kriterien werden bei ethisch-ökologischen Produkten um die Mittelverwendung ergänzt. [...] Laut einer repräsentativen Umfrage des Magazins "Der Fonds" präferiert der Großteil der an nachhaltigen Investmentprodukten Interessierten soziale Aspekte (37 Prozent), 26 Prozent finden ökologische und 22 Prozent ethische Kriterien am wichtigsten."[70]

---

[69] Wikipedia 2012a
[70] Franz 2005, S. 12–13

„Die eigenen gelebten Werte werden auch auf das Sparprodukt um-
gelegt. Nicht nur wissen was ethisch-ökologisch heißt, sondern auch
danach handeln."

Diese Kunden möchten möglichst authentisch leben. Sie übertragen die
eigenen gelebten Werte auch auf ihre Sparprodukte. Es genügt nicht nur
nach Außen den Schein zu wahren, es wird auch bei der Veranlagung danach gehandelt. Hier findet man ethisch-ökologische Lebensweise als
durchgängiges Prinzip. Und diese Ansprüche werden auch bei der Veranlagung fortgesetzt.

„Die Notwendigkeit die Förderung von erneuerbaren Energien als In-
vestment zu unterstützen."

Hier steht ebenfalls ein Lenkungseffekt im Vordergrund. Der Interviewpartner nimmt an, dass man mit entsprechenden Veranlagungen in erneuerbare Energien, wie zum Beispiel Windparks, Solarparks oder Biomasse-
anlagen, auch deren Verbreitung unterstützt. Das vorhandene ethisch-
ökologische Geld soll weitere Projektbetreiber auf den Plan rufen die derartige Anlagen planen, bauen und betreiben und die dafür auf das Geld
der grünen Sparer angewiesen sind oder zumindest gerne darauf zurück-
greifen würden.

„Transparenz über die Detailveranlagung, viele Anbieter liefern einen
Rechenschaftsbericht zu den veranlagten Geldern."

Der Rechenschaftsbericht der hier gemeint ist, hat eher weniger mit dem
Bericht im Sinne des Wertpapieraufsichtsgesetztes (WAG) zu tun. Dieser
testiert einer Kapitalanlagegesellschaft (KAG) die ordnungsgemäße Geschäftstätigkeit die durch einen Wirtschaftsprüfer überwacht und bestätigt
wird. Hier meinte der Interviewte allerdings einen Bericht über das abge-
laufene Jahr. Was wurde mit seinem Geld gemacht, worin wurde es investiert? Und die Fondgesellschaften helfen sich dabei in dem sie von vornherein eine Strategie festlegen, innerhalb dieser sich der Fondsmanager
bewegen darf. Bei der Kepler KAG und insbesondere bei deren Fonds
„Ethik Rentenfonds" mit der ISIN AT0000642632 sieht das folgenderma-
ßen aus.

Die oekom research AG, Goethestraße 28, D-80336 München berät die Verwaltungsgesellschaft beim Fondsmanagement.

Ziele und Anlagepolitik

Der Kepler Ethik Rentenfonds strebt als Anlageziel eine laufende Rendite an. Der Investmentfonds veranlagt dabei überwiegend, d.h. zu mindestens 51 % des Fondsvermögens in Anleihen internationaler Emittenten, die in Euro-Währungen begeben sind bzw. in Euro gehedgt sind, unter Berücksichtigung ethischer Ausschlusskriterien wie z.B.: für Länder: Todesstrafe, autoritäre Regime, schwere Korruption, Geldwäsche, Menschenrechtsverletzungen, Atomenergie, Nichtratifizierung von Klimaschutz-Protokollen der UN; bzw. für Unternehmen: Rüstung, Atomenergie, Grüne Gentechnik, Tierversuche, Tabak, Alkohol, Glücksspiel, Chlororganische Massenprodukte, Biozide, Pornographie und Embryonenforschung, Verletzung von Menschen- und Arbeitsrechten sowie Kinderarbeit. Die Anleihen oder deren Emittenten verfügen über ein Rating, das sich überwiegend im Investment-Grade Bereich befindet bzw. verfügen mit diesen Anleihen über ein derartiges Rating. In staats- bzw. landesgarantierte sowie gedeckte Anleihen kann auch ohne die o.a. Ratingvorgaben investiert werden. Die durchschnittliche Restlaufzeit der im Fonds befindlichen Anleihen liegt im mittleren Bereich (5 – 9 Jahre). Der Investmentfonds darf zu mehr als 35 % des Fondsvermögens in Wertpapiere oder Geldmarktinstrumente, die von der Republik Österreich, der Bundesrepublik Deutschland oder dem Königreich der Niederlande begeben oder garantiert werden, investieren. In diesem Rahmen obliegt die Auswahl der einzelnen Investments dem Fondsmanagement.[71]

Bei einem Sparprodukt wie dem Sparbuch könnte ein solcher Bericht auf Basis der tatsächlich verliehenen Gelder erfolgen. In diesem Bericht könnte man die Summen nach Branche und Teilbereichen aufgliedern ohne direkt den Kreditnehmer oder das konkrete Projekt nennen zu müssen.

---

[71] Kepler Fonds KAG 2012

*„Regionale Investments die in ethisch-ökologische Projekte im eige-
nen Bezirk oder Bundesland investieren, werden bevorzugt."*

Das Geld soll für die ethisch-ökologische Zielgruppe nicht quer über den
Erdball veranlagt werden, sondern gleich in der näheren Umgebung. Auf
Nachfrage sagte der Interviewte, dass hier Sicherheit ein Thema sei. Die
räumliche Nähe schaffe für den Anleger mehr Sicherheit und Kontrolle
über das Investment, als eine Veranlagung in 1000km Entfernung. Auch
wenn der Anleger trotzdem noch keine Einflussmöglichkeit hat, so bezieht
er nicht nur seine Lebensmittel aus der Region sondern auch seine Zinsen
für das Ersparte. Hier sind die Möglichkeiten, von Seiten der Bank entsprechende Produkte zu kreieren, vielfältig. Die Palette reicht von Öko-
Sparbücher über Bürgerbeteiligungen bis hin zu regionalen Klimafonds die
alle in ethisch-ökologische Projekte in einem Umkreis von z.B. 100km
rund um die Bank investieren.

Dieser Wunsch nach Regionalität kommt besonders den Raiffeisenbanken
zu gute. Die Raiffeisenbanken in Österreich sind mit einem durchschnittli-
chen Privatkundenanteil von ca. 39 % Marktführer. Eine detaillierte Betrachtung nach der unterschiedlichen Größe der Orte, vom Dorf zur Groß-
stadt, zeigt jedoch große Unterschiede auf. In ländlichen Gebieten sind die
Raiffeisenbanken mit durchschnittlich ca. 63 % (und in vielen Fällen weit
darüber) unangefochtener Marktführer. Je näher man jedoch in ein städti-
sches Gebiet kommt, desto geringer werden die Marktanteile. In größeren
Städten liegt der Marktanteil bei durchschnittlich ca. 15 % und in vielen
Fällen auch weit darunter. Die nächsten Jahre werden maßgebliche Veränderungen für die regional agierenden Raiffeisenbanken bringen. Die
demografischen Entwicklungen erfordern von allen Raiffeisenbanken
Maßnahmen in der Vertriebsintensivierung, um die Kundenanteile halten
und ausbauen zu können. Nachhaltigkeit, Regionalität und Qualität statt
Quantität werden zukünftig eine noch wesentlichere Rolle als heute spie-
len.[72] Hier könnte das Marktsegment der regionalen ethisch-ökologischen
Veranlagung sehr gut integriert werden.

---

[72] Günter Stauber

f) Nimmt der Kunde zugunsten von ethisch-ökologischen Veranlagungen eine niedrigere Rendite in Kauf, wenn er damit die Projekte fördert?

Die Antworten zu dieser Forschungsfrage waren eindeutig. Alle Interviewpartner waren sich einig das sie zu Gunsten einer Förderung für ethischökologische Projektfinanzierungen auf einen Teil der Zinsen verzichten würden.

„Ja, wenn offen gelegt wird was damit gefördert wird. Das Gegenteil ist der Fall wenn eine zu hohe Rendite versprochen wird für ein sinnvolles Investment, davon sollte man Abstand nehmen. Entweder ist das Risiko unüberschaubar oder es wird jemand „über den Tisch gezogen".

Hier wird auch gleich die Ablehnung mitgeliefert. Der Kunde schreckt davor zurück wenn etwas sinnvoll sein soll und eine hohe Rendite verspricht. Es wurde vom Interviewten auch richtig interpretiert. Ein hoher Zinssatz ist die Abbildung eines hohen Risikos. Umso größer die versprochene Rendite einer Veranlagung, desto höher ist auch das übernommene Risiko das damit eingegangen wird. Der höhere Zinssatz ist somit eine Art Entschädigung für das übernommene Risiko. Im Veranlagungsdreieck stehen sich 3 Punkte gegenüber: Liquidität, Risiko und Rendite. Diese ziehen sich gegenseitig an oder stoßen sich ab. Beispiel: Bei kurzer Laufzeit und wenig Risiko ist eine hohe Rendite unwahrscheinlich. Ebenso ist bei hohem Risiko und hoher Rendite, eine schnelle Verfügbarkeit der Veranlagung oftmals nicht möglich.[73]

---

[73] Marco Rocchi

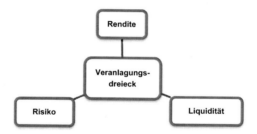

Abb. 6: Veranlagungsdreieck

„Ja, aber eine Förderung des Zinssatzes durch die Bank wäre genau zu überlegen, es muss auch die finanzierende Bank überleben."

Auch hier eine Zustimmung zum gestützten Förderzinssatz für spezielle Kredite. Gleichzeitig macht man sich aber Sorgen um die Bank, sollte diese selbst solche Stützungen anbieten. So etwas wäre auch nur in sehr begrenztem Ausmaß möglich. Ist doch der Kreditzins die Abgeltung des tatsächlichen Risikos für die Bank und den Sparer.

"Die nach Feststellung des Risikos im Rahmen der Angebotskalkulation ermittelten Sollkonditionen stellen in den meisten Fällen nur einen Richtwert für die tatsächliche Ausgestaltung der Zinszahlungs- und Tilgungsverpflichtungen dar. In vielen Fällen werden geschäftspolitische Überlegungen als Grund für Abweichungen genannt. Unterbleibt eine nachvollziehbare Detaillierung dieser Begründung, ist eine Abweichung von den ermittelten Konditionen abzulehnen.

Die risikoadäquate Konditionengestaltung auf Basis des in der Engagementprüfung ermittelten Kreditrisikos verfolgt zwei übergeordnete Ziele:

1. Sicherstellung der nachhaltigen Profitabilität des Kreditgeschäfts einer Bank und somit deren Stabilität sowie
2. Motivation für Kreditnehmer zu risikobewussten Verhalten.

Beide Ziele sind von hoher, langfristiger Relevanz.[74]

---

[74] Thonabauer und Nösslinger 2004, S. 33

Im großen Kreditportfolio einer Bank gibt es sehr wohl Möglichkeiten die Sollkonditionen für gewisse Kredite nach unten abweichen zu lassen. Der Gewinnanspruch muss allerdings beinhaltet sein um auch die Kosten zu decken, wenn schon das Ausfallsrisiko im Zinssatz nicht mehr abgebildet wird. Allerdings muss man die Frage stellen ob es für eine Bank sinnvoll ist ihre Kunden mit besonders niedrigen Kreditzinsen zu fördern, oder ob es alternative geldwerte Vorteile gibt die den Bankbetrieb bzw. den Ertrag der Bank nicht gefährden.

„Ja. Kommt aber auf das jeweilige Projekt an. Für ein von vornherein profitables Investment nicht sinnvoll. Transparenz in der Kostenstruktur der Produkte ist wichtig, der Vorteil muss auch wirklich beim Kreditnehmer ankommen und nicht bei der Bank hängen bleiben."

Ein von vornherein profitables Projekt muss aus Sicht dieses Kunden nicht unterstützt werden. Allerdings wird es schwierig werden für ein nicht profitables ethisch-ökologisches Projekt das für sich alleine steht, einen Kredit zu bekommen. Anders wäre es wenn die Finanzierung nur einen Teil einer Unternehmung betrifft.

Dazu ein kurzes Beispiel was der Autor damit meint. Handelt es sich beispielsweise um ein Windkraftprojekt das nur aufgrund eines geförderten Zinssatzes überlebensfähig ist, wird sich eine Bank das zweimal überlegen ob sie wirklich finanzieren wird. Denn die Reserven für Verschlechterungen des Geschäftsbetriebs sind nicht mehr gegeben. Bereits bei den kleinsten Umsatzeinbrüchen oder Marktveränderungen, wären das Projekt und damit auch die Finanzierung gefährdet. Hier wäre ein geförderter Zinssatz sogar kontraproduktiv, er würde den Eindruck erwecken das man auch Projekte realisieren kann die sich nicht rentieren.

Etwas anderes wäre folgende Situation. Ein Betrieb möchte energiesparende Maßnahmen in der Produktion umsetzten und rüstet einen Teil des Daches des Betriebsgebäudes um auf Stromgewinnung aus Photovoltaikzellen. Dieses Projekt ist sinnvoll und erstrebenswert, muss sich aber nicht rechnen und ist für die Kalkulation der Finanzierung auch nicht relevant. Denn der Umsatz des Unternehmens der die Raten für diesen Kredit bezahlt kommt auch jetzt noch aus der Produktion von Waren und nicht aus der Stromproduktion. Also auch wenn sich für den Betrieb der Einsatz dieser Photovoltaikanlage nicht rentiert, sie aber als sinnvoll erachtet wird, hat das keinen Einfluss auf die Ratenrückzahlung für eine Finanzierung.

Und bei diesem Beispiel wäre ein geförderter Zinssatz seitens der Sparer sinnvoll und möglich. Er wäre ein zusätzlicher Anreiz, Dinge in Richtung Umweltschutz und Mehrwert für die Gesellschaft zu verändern.

„Ja, zum Förderzinssatz. Sind genügend Spargelder vorhanden, könnte man damit ganze Projekte fördern oder auch nur eine Teilfinanzierung gewähren (analog Wohnbauförderung des Landes)."

In diesem Fall spricht der Interviewpartner die Wohnbauförderung des Landes Oberösterreich an. Diese Förderung ist in der Höhe begrenzt und nur für einen sehr abgegrenzten Bereich möglich.

Gefördert werden die Errichtung von Eigenheimen und der Einbau einer zweiten Wohnung. Der Kreditnehmer erhält von der OÖ Landesbank AG ein Hypothekardarlehen das mit Zinszuschüssen des Landes gefördert wird. In der Höhe ist es je nach Energieverbrauch des Hauses begrenzt von € 48.000,- bis € 59.000,- plus weitere Erhöhungen bei Kindern, bei Verwendung ökologischer Dämmstoffe, etc. Geknüpft ist die Vergabe an Einkommensgrenzen die je nach der Anzahl der späteren Bewohner des Neubaus variieren.[75]

So könnte auch eine Bank ein Limit für ethisch-ökologische Projektfinanzierungen mit gestütztem Zinssatz einführen. Damit hätte jeder Kreditnehmer die gleichen Möglichkeiten, unabhängig von der Kredithöhe. Damit wäre es auch möglich kleinere Projekte zur Gänze damit zu finanzieren, wohingegen größere Kreditsummen in konventionell und gestützt geteilt werden müssen.

---

[75] Land OÖ

„Ja, die Förderung soll aber nicht dazu dienen den Gewinn des Unternehmens zu steigern, sondern dort eingesetzt werden wo sich Projekte nur schwer rechnen."

Diese Forderung wäre Teil der Projektprüfung bei der Bank. Auch im ethisch-ökologischen Bereich gibt es Marktsegment die sehr gute Margen erzielen, wo der Schutz der Umwelt ein richtig gutes Geschäft ist. Hier sollte man laut dieser Antwort von einer Förderung absehen und sie stattdessen bei weniger profitablen Unternehmungen einsetzen. Im Einzelfall wird diese Entscheid sehr schwer zu treffen sein, basiert sie doch meistens auf theoretischen Businessplänen und Vorschaurechnungen bevor die Geschäftstätigkeit aufgenommen wird.

7. Literaturverzeichnis

Allgayer, Florian (2007): Zielgruppen finden und gewinnen. Wie Sie sich in die Welt Ihrer Kunden versetzen. Landsberg am Lech: mi. Online verfügbar unter http://www.worldcat.org/oclc/188228127.

Antje Schneeweiß (2010): Entwicklungspolitische Kriterien im ethischen Investment. Hg. v. Diakonisches Werk der EKD e. V.

Armin Hipper (2005): Das Unternehmen als Bürger? Zur Rolle multinationaler Unternehmen in der globalisierten Marktwirtschaft. 1. Aufl. München: GRIN Verlag.

Atteslander, Peter (2003): Methoden der empirischen Sozialforschung. 10. Aufl. Berlin: Walter de Gruyter. Online verfügbar unter http://www.worldcat.org/oclc/52430552.

Bergauer, Günter (2011): Nicht zulasten anderer. Ein Gespräch mit Vst.Dir. Günter Bergauer. Hg. v. Börsen-Kurier. Online verfügbar unter www.fokus-nachhaltigkeit.at.

Bundeskanzleramt (2008): Bankwesengesetz § 38 - Bundesrecht konsolidiert. Hg. v. Bundeskanzleramt Rechtsinformationssystem. Online verfügbar unter http://www.ris.bka.gv.at/Dokument.wxe?Abfrage=Bundesnormen&Dokumentnummer=NOR40094662, zuletzt geprüft am 01.10.2012.

Busch, Timo; Orbach, Thomas (2003): Zukunftsfähiger Finanzsektor: Die Nachhaltigkeitsleistung von Banken und Versicherungen. Hg. v. Wuppertal Papers. Wuppertal (129).

Cogbyte: Vor- und Nachteile von Subventionen. Hg. v. Cogbyte.de. Online verfügbar unter http://www.cogbyte.de/project/Vor-und-Nachteile-von-Subvent.1042.0.html, zuletzt geprüft am 24.09.2012.

de.wikipedia.org (2012): Klientelpolitik. Hg. v. de.wikipedia.org. Online verfügbar unter http://de.wikipedia.org/wiki/Klientelpolitik, zuletzt aktualisiert am 23.05.2012.

DI Josef Gutmann (2012): Investieren ohne Investitionszuschuss? Hg. v. Landwirtschaftskammer OÖ. Online verfügbar unter http://www.lk-ooe.at/?+Investitions-foerderung+&id=2500%2C1661454%2C%2C, zuletzt aktualisiert am 23.02.2012, zuletzt geprüft am 24.09.2012.

Ethikbank: Zusammenfassung der Kreditrichtlinien. Hg. v. Ethikbank. Online verfügbar unter http://www.ethikbank.de/.

Flick, Uwe; Kardorff, Ernst von; Steinke, Ines (2007): Qualitative Forschung. Ein Handbuch. 5. Aufl. Reinbek bei Hamburg: Rowohlt-Taschenbuch-Verl. Online verfügbar unter http://www.worldcat.org/oclc/255809930.

Fördergemeinschaft Nachhaltige Landwirtschaft e.V.: Definition der Ethik. Hg. v. Fördergemeinschaft Nachhaltige Landwirtschaft e.V. Online verfügbar unter http://fnl.de/index.php?id=230.

Frank M. Scheelen (2010): Beziehungsmanagement in der Finanzdienstleistung: Wie Berater für Kunden unentbehrlich werden. Hg. v. Das Investment.com. Online verfügbar unter http://www.dasinvestment.com/nc/berater/news/datum/2010/05/25/beziehungsmanagement-in-der-finanzdienstleistung-wie-berater-fuer-kundenunentbehrlich-werden/.

Franz, Hendrik (2005): Ethisch-ökologische Kreditinstitute. 1. Aufl. s.l: GRIN Verlag. Online verfügbar unter http://ebooks.ciando.com/book/index.cfm/bok_id/95938.

Froschauer, Ulrike (2003): Das qualitative Interview. Zur Praxis interpretativer Analyse sozialer Systeme. Wien: WUV Universitätsverlag. Online verfügbar unter http://www.worldcat.org/oclc/51952205.

Gabriel, Klaus (2009): Das Ethik- und Nachhaltigkeitsrating als Beitrag zur Beurteilung des gesellschaftlichen Nutzens von Banken. Katholische Sozialakademie Österreichs. Wien.

Gabriel, Klaus (2011): Finanzmärkte brauchen ethisches Fundament. Online verfügbar unter www.fokus-nachhaltigkeit.at.

Georg Brandstetter (2012): Geld aus der Region für die Region - Mehr-WertGeld - Zukunftsfähige Regionalfinanzierung. Hg. v. Bezirks Rundschau. Online verfügbar unter http://www.meinbezirk.at/micheldorf-in-oberoesterreich/wirtschaft/geld-aus-der-region-fuer-die-region-mehrwertgeld-zukunftsfaehige-regionalfinanzierung-d157074.html.

Gerke, Wolfgang (2005): Kapitalmarkt und Ethik - Ein Widerspruch. Hg. v. Prof. Dr. Wolfgang Gerke. Lehrstuhl für Banken- und Börsenwesen. Universität Erlangen-Nürnberg.

Gischer, Horst; Herz, Bernhard; Menkhoff, Lukas (2005): Geld, Kredit und Banken. Eine Einführung ; mit 13 Tabellen. 2. Aufl. Berlin ;, Heidelberg ;, New York: Springer. Online verfügbar unter http://www.worldcat.org/oclc/76572495.

Gläser, Jochen; Laudel, Grit (2010): Experteninterviews und qualitative Inhaltsanalyse. Als Instrumente rekonstruierender Untersuchungen. 4. Aufl. Wiesbaden: VS Verlag für Sozialwiss. Online verfügbar unter http://www.worldcat.org/oclc/654367709.

Götz, Reichert; Voßwinkel, Jan S. (2012): Zu wenig Öko-Innovationen in der EU? Hg. v. Euractiv.de. Online verfügbar unter http://www.euractiv.de/druck-version/artikel/zu-wenig-oeko-innovationen-in-der-eu-006356, zuletzt aktualisiert am 30.05.2012, zuletzt geprüft am 24.09.2012.

Griepentrog, Wolfgang (2010): Das Glaubwürdigkeitsprinzip. Vorbild Ehrbarer Kaufmann - ein Ratgeber für erfolgreiche Kommunikation. Berlin: epubli GmbH. Online verfügbar unter http://www.worldcat.org/oclc/724764859.

Grunwald, Armin (2006): Nachhaltigkeit. Frankfurt am Main: Campus. Online verfügbar unter http://www.worldcat.org/oclc/70249275.

Grupe, Stephanie (2011): Public Relations. Ein Wegweiser für die PR-Praxis. Heidelberg: Springer. Online verfügbar unter http://www.worldcat.org/oclc/726825440.

Günter Stauber, Christian Ulrich: Demografische Entwicklung als Herausforderung für regionale Banken. Hg. v. Raiffeisenblatt. Online verfügbar unter http://www.raiffeisenblatt.at/eBusiness/rai_template1/12181031264501702 2-121809748930559302_126155087785500392-711117431531103196-NA-1-NA.html, zuletzt geprüft am 04.10.2012.

Häfliger, Gerold E.; Aeberhard, Kurt; Popp, Werner (2000): Aktuelle Tendenzen im Innovationsmanagement. Festschrift für Werner Popp zum 65. Geburtstag : mit 31 Tabellen. Heidelberg: Physica-Verl. Online verfügbar unter http://www.worldcat.org/oclc/237376023.

Hans Meister (2009). Hg. v. Landwirt.com. Online verfügbar unter http://www.landwirt.com/Forum/199198/Braucht-es-eine-neu-durchdachte-Agrarfoerderung.html, zuletzt aktualisiert am 24.09.2009, zuletzt geprüft am 24.09.2012.

Ilg, Peter (2012): Nachhilfe für Finanzjongleure. Hg. v. Financial Times Deutschland. Online verfügbar unter http://www.ftd.de/karriere-management/karriere/:business-schulen-nachhilfe-fuer-finanzjongleure/70031383.html.

Karin Sommer (2007): Kundenorientierte Produktgestaltung - Theoretische und methodische Grundlagen. 1. Auflage. München: GRIN Verlag.

Kepler Fonds KAG (2012): Kepler Ethik Rentenfonds. Online verfügbar unter https://www.kepler.at/eBusiness/kep_template2/288738777059259608-525760085528600218_525764038240693395-54943780904828091-docs-1-NA.html, zuletzt geprüft am 04.10.2012.

Kromrey, Helmut (1998): Empirische Sozialforschung. Modelle und Methoden der Datenerhebung und Datenauswertung. 8. Aufl. Opladen: Leske + Budrich. Online verfügbar unter http://www.worldcat.org/oclc/45499621.

Land OÖ: Eigenheim Förderung. Hg. v. Land Oberösterreich. Online verfügbar unter http://www.land-oberoesterreich.gv.at/cps/rde/xchg/ooe/hs.xsl/34819_DEU_HTML.htm, zuletzt geprüft am 06.10.2012.

Lüscher-Marty, Max: Theorie und Praxis des Bankkredits. 3. Aufl. Zürich: Compendio Bildungsmedien. Online verfügbar unter http://www.worldcat.org/oclc/696637003.

Marco Rocchi: Geldanlage: Zusammenhand Rendite, Risiko, Liquidität. Hg. v. Finanzmonitor. Online verfügbar unter http://www.finanzmonitor.com/geld-anlegen/geldanlage-rendite-risiko-liquiditaet/, zuletzt geprüft am 05.10.2012.

Matys, Erwin (2005): Praxishandbuch Produktmanagement. Grundlagen und Instrumente ; [Produktentwicklung, Markteinführung, Produkt-Lebenszyklus, Markt-Positionierung, Sicherung von Marktanteilen]. 3. Aufl. Frankfurt/Main ;, New York: Campus-Verl. Online verfügbar unter http://www.worldcat.org/oclc/76593506.

Mayring, Philipp (2008): Qualitative Inhaltsanalyse. Grundlagen und Techniken. 10. Aufl. Weinheim ;, Basel: Beltz. Online verfügbar unter http://www.worldcat.org/oclc/244627057.

Michels, Volker (2005): Ethisch-ökologische Geldanlagen. Sozialethische Begründung und Probleme der Implementierung. 1. Aufl. Norderstedt Germany: GRIN Verlag. Online verfügbar unter http://ebooks.ciando.com/book/index.cfm/bok_id/95441.

Münchow, St.; Hummel, Kathleen; Jauerneck, D.; Scheschonk, Kay (2011): Geschäftspolitik von ethisch respektive sozial orientierten Banken im Vergleich zu herkömmlichen renditeorientierten Banken. 1. Auflage. Norderstedt Germany: GRIN Verlag.

nck (2012): FNG-Marktbericht Nachhaltige Geldanlagen 2012. Hg. v. Spiegel Online. Online verfügbar unter http://www.spiegel.de/wirtschaft/service/fng-marktbericht-nachhaltige-geldanlagen-2012-a-857288.html, zuletzt aktualisiert am 24.09.2012, zuletzt geprüft am 03.10.2012.

Nefischer, Mario (2012): Die Antwort der Regionalbanken auf Occupy ist Transparenz. Hg. v. Banknews. Online verfügbar unter http://www.banknews.at/1/post/2011/10/die-antwort-der-regionalbanken-auf-occupy-ist-transparenz.html.

ÖGUT - Österreichische Gesellschaft für Umwelt und Technik: Kann man mit Nachhaltigkeit Geld verdienen? Hg. v. Lebensministerium. Online verfügbar unter http://www.gruenesgeld.at/about/rentabilitaet.php, zuletzt geprüft am 03.10.2012.

Prof. Dr. Edeltraud Günther: Definition: Ökologie. Hg. v. Gabler Wirtschaftslexikon. Online verfügbar unter http://wirtschaftslexikon.gabler.de/Definition/oekologie.html.

Reinders, Heinz (2005): Qualitative Interviews mit Jugendlichen führen. Ein Leitfaden. 1. Aufl. München: Oldenbourg. Online verfügbar unter http://www.worldcat.org/oclc/76808921.

Schirmer, Kurt-Peter (2010): Krise - Insolvenz - Was nun? Hilfe zur Selbsthilfe! Hamburg: tredition. Online verfügbar unter http://www.worldcat.org/oclc/724742563.

Schraven, David (2007): Darlehen für den Kuhstall. Hg. v. Zeit Online. Online verfügbar unter http://www.zeit.de/2007/16/GS-Oekobank.

Schuster, Leo (1997): Die gesellschaftliche Verantwortung der Banken. Berlin: Erich Schmidt. Online verfügbar unter http://www.worldcat.org/oclc/40295362.

Seith, Anne (2009): Gute Geschäfte mit dem Gutmenschentum. Hg. v. Spiegel Online. Online verfügbar unter www.spiegel.de/wirtschaft/0,1518,632799,00.html.

Stephan Schulmeister: Geld als Mittel zum (Selbst)Zweck.

Thonabauer, Günther; Nösslinger, Barbara (2004): Kreditverga-
beproess und Kreditrisikomanagement. Hg. v. Österreichische National-
bank. Wien.

Vincent Löhn (2012): Kosten eines Investmentfonds. Hg. v. Einfach-
Fonds.de. Online verfügbar unter http://www.einfach-fonds.de/kosten-von-
fonds.html, zuletzt geprüft am 03.10.2012.

Wenzel, Thomas (2004): Instrumente zur Bewertung von Nachhaltigkeit
in Unternehmen. Ein Vergleich. 1. Aufl. s.l: GRIN Verlag. Online verfügbar
unter http://ebooks.ciando.com/book/index.cfm/bok_id/94958.

Wikipedia (2012a): Exkursion. Hg. v. Wikipedia. Online verfügbar unter
http://de.wikipedia.org/wiki/Exkursion, zuletzt aktualisiert am 31.05.2012,
zuletzt geprüft am 04.10.2012.

Wikipedia (2012b): Umweltbank. Hg. v. Wikimedia Foundation. Online
verfügbar unter http://de.wikipedia.org/wiki/Umweltbank.

8. Abbildungsverzeichnis

Abb. 1: Vertrauenskrise der Banken, Quelle: http://www.derstandard.at

Abb. 2: Ökologie, Quelle: http://www.wirtschaftslexikon.gabler.de

Abb.3: Grundfragen der empirischen Sozialforschung, Quelle: Atteslander, Peter; Methoden der empirischen Sozialforschung, 10. Auflage, Berlin 2003

Abb. 4: Struktur empirisch sozialwissenschaftlicher Forschungsprozesse

Abb. 5: Der ideale Interviewpartner

Abb. 6: Veranlagungsdreieck

9. Anhänge

Danksagung

Ich danke allen, die zur Entstehung dieses Buches beigetragen haben. Es war eine sehr lehrreiche und intensive Zeit bei der man sehr viel über andere und sich selbst lernt.

Im speziellen bedanke ich mich bei Herrn Dir. Mag. Dr. Hubert Pupeter, dem Geschäftsleiter der Raiffeisenbank Gunskirchen, der mir mit Rat und Tat zur Seite stand um immer die richtigen Impulse zu geben wenn ich mich nach der Richtung der Studie orientiert habe.

Auch danken möchte ich Herrn Mag. David Rückel. Er hat mir wissenschaftliches Arbeiten näher gebracht und auf einfache Weise erklärt worauf es wirklich ankommt. Es ist seine Gabe komplizierte Sachverhalte leicht verständlich zu erklären.

Nicht zu vergessen die tollen Interviewpartner die diese Studie erst ermöglicht haben und die mit ihren Antworten einen wichtigen Beitrag zur möglichen Verbesserung unseres Finanzsystems beigetragen haben. Danke an euch.

Und last but not least, ein großes Dankeschön an meine wundervolle Familie. Es war nicht immer leicht die notwendige Zeit und Muße zu finden. Und wenn die Motivation manchmal fehlte, kamen von euch wieder die richtigen Worte um den Weg fortzusetzen.

Auswertung Interview Kredit: Teilnehmer 01 / Kredit 01

Interviewpartner:
Männlich, 33 Jahre, Selbstständig, verheiratet, 1 Kind

Ethisch-ökologisch im Allgemeinen:
Sittlich (Handlungen nach geltenden Normen) und nachhaltig leben.

Ethisch-ökologisches Projekt:
Bauernsacherl revitalisieren, Lebensmittel Eigenproduktion, größtmögliche eigene Energieversorgung geplant.

Veränderung im Lauf der Zeit:
Bereits in jungen Jahren davon überzeugt, Steigerung mit dem Alter, die Freude für sich etwas moralisch Richtiges zu tun. Zusätzliche Steigerung: Die Geburt des Sohnes der später auch noch eine Lebensgrundlage haben soll.

Anforderungen an die finanzierende Bank:
Kredit als Geldschöpfung aus dem Nichts wäre ein Widerspruch für die Finanzierung. Die bessere Lösung wären Spareinlagen aus einem eigenen Kontenkreis von Sparern aus der Region die in ethisch-ökologische Finanzprodukte veranlagen möchten. Die Bank als Vermittler zwischen Sparer und Kreditnehmer.
Transparenz und Ehrlichkeit in alle Richtungen.
Die Beziehung von Kunde/Berater soll eine gewisse Tiefe erreichen um eine langfristige Basis für die Zusammenarbeit zu haben.

Grund für die steigende Nachfrage:
Die Gesellschaft kommt mit der steigenden Informationsflut nicht mehr zurecht und findet darin keine Transparenz mehr. Es finden sich darin viele marketingbezogene Nachrichten die manipuliert werden um jemanden dienlich zu sein.

Der Sinn wird wieder in moralisch richtigem Handeln und Ehrlichkeit gesucht. Völlige Transparenz steht dabei ganz oben.

Spezialisierung notwendig?

Wünschenswert wäre diese Art von Vermittlung zwischen Sparer und Kreditnehmer nicht in einer Bank stattfinden zu lassen, sondern dafür eine eigene Agentur zu gründen. Das schlechte Image der Banken würde dabei abgelegt um dem Geschäfts Erfolg nicht im Weg zu stehen.
Der Berater benötigt Fachwissen über Produkte und über die Projekte in die das Geld angelegt wird.

Förderungen durch den Staat:

Sind sinnvoll und nützlich, gleichzeitig aber sehr bürokratisch, mit hohem Aufwand verbunden und einen Spielwiese der Politiker. Aber nicht ausschlaggebend um im ethisch-ökologischen Bereich tätig zu werden.

Förderungen durch die Bank:

Plattform für die Vermittlung von Sparern und Kreditnehmer. Netzwerke aufbauen und Kunden zusammenführen die sich in diesem Bereich gegenseitig unterstützen können.

Auswertung Interview Veranlagung: Teilnehmer 02 / Spar 01

Interviewpartner:
Männlich, 39, verheiratet, 1 Kind, Produktionsleiter Industrie (Landwirtschaft)

Ethisch-ökologische Veranlagungen:
Überlegt Ja, aber noch nichts konkret umgesetzt (wegen Hausbau), wird aber bei entsprechenden Reserven umgesetzt.

Ethisch-ökologisch im Allgemeinen:
Steht für Nachhaltigkeit, es wird bei Überlegungen auch die Umwelt berücksichtigt. Auf menschliche Bedürfnisse Rücksicht nehmen, es sollte auch für die Gesellschaft einen Nutzen bieten. Keine Gewinnmaximierung auf Kosten der vorher genannten Punkte.

Veränderung im Lauf der Zeit:
In jüngeren Jahren war eine ethisch-ökologische Veranlagung kein Thema, das Interesse ist mit dem Alter gereift. Der eigene Nachwuchs spielt ebenfalls eine große Rolle, man möchte seinen Kindern eine gesunde und funktionierende Welt hinterlassen. Subjektive Veränderungen des Klimas führen ebenfalls zu einem Umdenken, dass es so nicht passt was derzeit mit der Umwelt passiert.

Anforderungen an die Bank:
Produkte kennzeichnen sich durch Investitionen in erneuerbare Energien, Umweltschutz, Förderung der Gesellschaft durch Schaffung von Arbeitsplätzen in Gebieten mit hoher Arbeitslosigkeit, etc., z.B. Bürgerbeteiligungen, Klimafonds. Das Geld sollte möglichst direkt bei den Investoren angekommen ohne viele Zwischenstationen (nicht wie bei Investmentfonds). Wenn die Hausbank Kompetenz zeigt in ethisch-ökologischen Themen, ist es auch denkbar dort zu veranlagen. Nicht nur 1-2 Produkte für das gute Gewissen, sondern ein wohl überlegtes Angebot, ein guter Mix.

Die Bank von heute auf morgen auf komplett Ökologisch umstellen ist unglaubwürdig, man sollte eine Abteilung einrichten und diese Ausbauen wenn das notwendige Vertrauen und die Nachfrage der Kunden vorhanden ist. Auch eine Teilnahme an regionalen Aktionen (z.B. Energieausschuss in der Gemeinde) wird als positiver Beitrag der Bank und absolut glaubwürdig bewertet.

Produkte: globale Landwirtschaft unterstützen (z.B. nachhaltige Forstwirtschaft, Bio Lebensmittel, etc.), Unterstützung muss nicht nur regional erfolgen. Hohe Transparenz sollte ein Qualitätsmerkmal solcher Veranlagungsprodukte sein (durch jährliche Berichte).

Anspruch an das Produkt: keine maximale Rendite notwendig, viel wichtiger ist die sinnstiftende Verwendung. Offensive Bewerbung der Bank gilt als Förderung für diesen Bereich.

Gründe für die Veranlagung:

Durch die bewusste Veranlagung des eigenen Geldes möchte man aufzeigen das es möglich ist im Einklang mit der Gesellschaft und der Umwelt zu produzieren, egal ob Lebensmittel, Energie oder Konsumartikel. Die konventionelle Industrie soll erkennen, dass es auch anders geht.

Grund für die steigende Nachfrage:

Der Trend besteht schon länger und die Finanzkrise 2008 gilt als Verstärker. Es findet ein Umdenken in der Bevölkerung statt das es so nicht weiter gehen kann. Auch die Verwendung des eigenen Geldes wird künftig stärker hinterfragt.

Förderung durch den Kunden:

Nimmt niedrigere Rendite in Kauf wenn offen dargelegt wird was damit gefördert wird. Das Gegenteil ist der Fall wenn eine zu hohe Rendite versprochen wird für ein sinnvolles Investment, davon sollte man Abstand nehmen, entweder ist das Risiko unüberschaubar oder es wird jemand „über den Tisch gezogen".

Auswertung Interview Veranlagung: Teilnehmer 03 / Spar 02

Interviewpartner:
Männlich, 31, Softwareentwickler / Nebenerwerbslandwirt

Ethisch-ökologische Veranlagungen:
Keine Veranlagung, kein konkretes Vorhaben, wurde ihm aber auch nie angeboten, weder von der Bank noch von anderen Finanzdienstleistern.

Ethisch-ökologisch im Allgemeinen:
Nach anerzogenen Grundwerte leben; nachhaltig und auf Dauer ausgelegt, mit der Natur und Gesellschaft im Einklang.

Veränderung im Lauf der Zeit:
In jungen Jahren eher kein Thema, mit dem Alter macht man sich Gedanken über die Umwelt und die Entwicklung der Gesellschaft. Finanzkrise als Ereignis das zum Umdenken anregt. Angebote in allen Bereichen werden näher betrachtet als früher. Auch fehlendes Geld in jungen Jahren war ein Grund sich nicht damit zu beschäftigen wie man es sinnvoll anlegen kann.

Anforderungen an die Bank:
Sparprodukt: investiert in Energiesektor (erneuerbare Energien), Rendite ist nicht ausschlaggebend aber halbwegs sicher sollte es sein, das Investment bietet einen Mehrwert für die Gesellschaft , Ausschluss Kriterien bilden alles Negative wie Kinderarbeit, Waffen, Ausbeutung, etc.
Produkte sollten nicht zu breit aufgestellt sein, sondern in wenige Bereiche investieren so, dass die Übersicht für den Sparer gewahrt bleibt (z.B. keine ethisch-ökologischen Dachfonds, besser 1-2 Solarkraftwerke direkt).
Die Hausbank käme für die Beratung in Frage, schlanke Kostenstruktur mit Transparenz wo welches Geld wirklich ankommt. Hintergrundwissen im ethisch-ökologischen Bereich und Fachwissen über ethisch-ökologische Veranlagungen wünschenswert.

Banken werden skeptisch betrachtet und von heute auf morgen ein grüner Mantel wäre nicht glaubwürdig aber eine teilweise Spezialisierung der Hausbank wäre denkbar (eigene spezialisierte Berater).

Gründe für die Veranlagung:
Die gelebten Werte werden auch auf das Sparprodukt umgelegt. Nicht nur wissen was ethisch-ökologisch heißt, sondern auch danach handeln. Sieht Notwendigkeit die Förderung von erneuerbaren Energien als Investment zu unterstützen (bevorzugt).

Grund für die steigende Nachfrage:
Vertrauen in konventionelle Bankprodukte schwindet durch die Finanzkrise. Die überzogenen Investmentbankergehälter spielen dabei auch eine Rolle da diese über die Produktkosten finanziert werden müssen. Viele Leute leben generell bewusster in vielen Lebensbereichen, so auch in der Geldanlage. Es werden Lehren aus der Vergangenheit gezogen.

Förderung durch den Kunden:
Es wird eine niedrigere Rendite zugunsten einer Förderung eines ethisch-ökologischen Projektes in Kauf genommen.
Bank: eine Förderung des Zinssatzes durch die Bank wäre genau zu überlegen, es muss auch die finanzierende Bank überleben. Banken sollten solche Produkte auch offensiv bewerben um dadurch mehr Geld für ethisch-ökologische Projekte bereitzustellen.

Auswertung Interview Kredit: Teilnehmer 04 / Kredit 02

Interviewpartner:

Männlich, 42, verh. 2 Kinder, Unternehmer (Branche: Bio Lebensmittel), Landwirt (Bio)

Ethisch-ökologisch im Allgemeinen:

Verhaltensregeln „gut" und „schlecht" für Einzelne und Gruppen; Nachhaltiges Wirtschaften – der Verbrauch ist kleiner als die Regeneration. Generationenübergreifend denken und handeln.

Ethisch-ökologisches Projekt:

Hat mit weiteren Geschäftspartnern eine Firma gegründet die Biokartoffeln lagert und vermarktet. Hier soll das eigene Verständnis von Bio als übergeordnetes Ziel umgesetzt werden.

Zusätzlich zuhause installiert: Solaranlage Warmwasser und Photovoltaikanlage.

Veränderung im Lauf der Zeit:

Als Landwirt vorher konventionell später nach dem Studium umgestellt auf Bio. Auch der EU Betritt Österreichs spielte eine Rolle bei den Überlegungen mit dem Hof zu überleben (betriebswirtschaftlich). Die Schule (St. Florian) und bestimmte Lehrer waren prägend für seine spätere Einstellung. Moralische Probleme damit für die Chemieindustrie Forschung am Feld zu betreiben (Düngemittel).

Aussage eines Ethik-Professors aus dem Studium: Habt ihr alles gemacht was möglich war?

Anforderungen an die finanzierende Bank:

Eine Bank muss derartige Projekte verstehen und einschätzen können. Ohne Know How in diesem Marktsegment geht es nur um die Rendite um das Risiko abzubilden. Wird das Risiko wirklich verstanden, würde man auch vernünftige Zinssätze dafür bekommen. Ethisch ist auch den Zeitpunkt zu kennen ab wo ein Projekt nicht mehr überleben kann (kein künstliches am Leben halten durch die Bank sondern einen Schlussstrich ziehen). Es muss ein Konsens, eine solide Basis zwischen Kunde und Bank für das Projekt bestehen um langfristig zusammenarbeiten zu können.

Geldherkunft: Regionalbanken stehen für regionales Geld, es wird vertraut darauf, dass das Geld von Sparern aus der Region kommt.

Regionalität um die nähere Umgebung in das Projekt einzubeziehen.

Prognoserechnungen sind notwendig für den Start, aber auch die Bank sollte sich nicht darauf festnageln in einem sich ständig wandelndem Markt.

Grund für die steigende Nachfrage:

Es ist sehr viel Geld im Umlauf, Geld das oft nicht erarbeitet wurde. Und Menschen denen es gut geht, haben mehr Zeit um über eine sinnvolle Verwendung dafür nachzudenken. Das Geld soll für positive Dinge eingesetzt werden. Eine Gegenbewegung zu den großen Fällen von Finanzbetrug dem der kleine Sparer tatenlos zusehen muss.

Spezialisierung notwendig?

Nicht unbedingt notwendig eine eigene Abteilung zu gründen, erster Ansprechpartner bleibt der Kundenberater. Dieser kann dann an Spezialisten in der Bank vermitteln oder diese zum Gespräch hinzuziehen.

Grundsatz für seine Arbeit: Would you buy it? Wenn man sich diese Frage regelmäßig stellt erreicht man damit automatisch den höchsten Grad an Qualitätssicherung, da niemand selbst schlechte Qualität kaufen würde.

Förderungen durch den Staat:

Zu viele Förderungen in Österreich, Gefahr, dass ein Projekt ausgelöst wird durch die Förderung und nicht wegen der sinnvollen Idee dahinter. Schlecht angelegte Förderungen können einen Markt in der Preisbildung und letztlich in der Versorgung behindern (z.B. Stichtagsbezogene Zählungen lösen große Einlagerungen aus und anschließend verfällt der Preis wegen Überangebot).

Trotzdem wichtig aber es sollte nicht übertrieben werden und e/ö Projekte sollten sich auch ohne rentieren.

<u>Förderungen durch die Bank:</u>

Entwicklung von speziellen Produkten die Geld für ethisch-ökologische Projekte einsammeln. Die Bank kann durch Transparenz nachweisen wo das Geld herkommt und wohin es geflossen ist. Dadurch könnte sich der Sparer auch darauf besinnen in der Region einzukaufen oder zu investieren um damit evt. sein eigenes Investment zu fördern.

Förderzinssatz durch Bank vom Sparer getragen wäre denkbar, aber nicht notwendig. Der Aufwand könnte viel Vorteil auffressen, wichtiger wäre eine klare Linie und Effizienz.

Auswertung Interview Kredit: Teilnehmer 05 / Kredit 03

Interviewpartner:

Männlich, 43, verheiratet, 4 Kinder, Geschäftsführer, Politiker, Landwirt (Bio)

Ethisch-ökologisch im Allgemeinen:

Nach nachhaltigen Kriterien wirtschaften um für folgende Generationen die Basis zu erhalten.

Nach ethischen Kriterien handeln, nicht alles tun was man kann sondern das was richtig ist mit Rücksicht auf die Gesellschaft.

Ethisch-ökologisches Projekt:

Über ein Projekt nachgedacht aber noch nichts konkret umgesetzt.

Veränderung im Lauf der Zeit:

Bewusstsein hat sich im Laufe der Jahre entwickelt und fragwürdige Ereignisse auf der ganzen Welt tragen weiter dazu bei. Man möchte den eigenen Kindern eine Basis zum Leben erhalten und ermöglichen.

Anforderungen an die finanzierende Bank:

Geldherkunft ist ein wichtiges Thema, man kann ein e/ö Projekt mit fragwürdigem Geld finanzieren. Regionalität steht im Vordergrund. Für die Glaubwürdigkeit ist Transparenz notwendig und sollte von einer unabhängigen Kontrollstelle bestätigt werden.

Ortsansässigkeit für die Finanzierung eines ethisch-ökologischen Projekts sehr sinnvoll um den Gedanken von Mehrwertgenerierung für die Menschen in der Umgebung durchgängig einzuhalten.

Wünschenswert wäre eine Art Rechenschaftsbericht der darlegt welche oder wie viele e/ö Projekte finanziert wurden. Kontrolle und Bestätigung könnte durch den Raiffeisenverband erfolgen.

Grund für die steigende Nachfrage:

Es passiert so viel auf dieser Welt wie Kriege, Umweltkatastrophen, etc. und damit können Menschen die dort nicht helfen können zumindest dafür sorgen das ihr Erspartes sinnvoll eingesetzt wird.

Geld verdienen mit Kapital ist nichts Verwerfliches aber es sollte sinnstiftend veranlagt werden.

Spezialisierung notwendig?

Im Bereich von Hintergrundwissen (zu einzelne Projekte, erneuerbare Energien, Nahwärme, etc.) sinnvoll um als Bank das Risiko einschätzen zu können um dadurch einen fairen Zinssatz anbieten zu können. Vorteil für die Bank: Unter Kreditnehmern für derartige Projekte spricht sich Kompetenz in diesem Bereich herum und führt zu vermehrtem Folgegeschäft auf Empfehlungsbasis was wieder den Kunden zugutekommt die auf der Suche nach einem fähigen Finanzpartner sind.

Förderungen durch den Staat:

Der Staat kann durch Förderungen Anreize für Investitionen setzen. Aber es führt oftmals dazu, dass das jeweilige Produkt einfach um die Förderung teurer wird so, dass der Konsument einfach nichts davon hat. Aber wirklich wichtige Projekte werden auch ohne Förderungen umgesetzt, weil jemand daran glaubt.

Förderungen durch die Bank:

Niedrige Zinsen, lange Laufzeiten. Bank fördert alleine dadurch, dass Sparer die ethisch-ökologisch veranlagen möchten und Kreditnehmer zusammengebracht werden. Offensives Marketing für entsprechende Sparprodukte um genügend Geld zur Verfügung stellen zu können.

Auswertung Interview Veranlagung: Teilnehmer 06 / Spar 03

Interviewpartner:

Weiblich, 48, verheiratet, 3 Kinder, Landwirtin

Ethisch-ökologische Veranlagungen:

Sind vorhanden: Ethikfonds, Aktien von Solarfirmen und Mikrokredite

Ethisch-ökologisch im Allgemeinen:

Nachhaltigkeit, kein langfristiger Schaden für die Umwelt; Dinge die den Menschen nutzen; Moralisch richtiges Handeln.

Veränderung im Lauf der Zeit:

Höhepunkt des Interesses war zwischen 20-30, dann abnehmend mit steigendem Alter. Abnahme wegen dem Gefühl das sich in der Gesell-schaft zu wenig tut (Initiativen, Veränderungen) .

Anforderungen an die Bank:

Auswahl der Veranlagung durch Ausschlusskriterien „Gut" und „Böse", das Investment muss sowohl die guten Kriterien (Umweltschutz, Gesellschaft-licher Nutzen, etc.) erfüllen als auch die schlechten Kriterien vermeiden (Waffen, Ausbeutung, Kinderarbeit, etc.)

Fachwissen und Interesse des Beraters im Detail an E/Ö-Veranlagungen. Offensives Anbieten solcher Produkte um die breite Öffentlichkeit darauf aufmerksam zu machen. Kein Hauptaugenmerk auf max. Verzinsung.

Transparente Produkte und Vergleiche für den Kunden erarbeiten.

Mögliche Produkte: s.o. + Ethiksparbuch (Geld wird nur für E/Ö Kredite verwendet).

Gründe für die Veranlagung:

Sinnvolle Verwendung des eigenen Geldes, Mitbestimmung für die Ver-wendung, Verantwortung das damit nichts schlechtes passiert. Transpa-renz über die Detailveranlagung (Produktanbieter liefern oftmals einen

Rechenschaftsbericht zu den veranlagten Geldern). Regionalität wichtig wenn vorhanden.

Grund für die steigende Nachfrage:

Die Gesellschaft erkennt, dass es so nicht weitergeht. Unbegrenztes Wachstum und endliche Ressourcen passen nicht zusammen. Die Lebensbereiche die man beeinflussen kann (wie z.B. die Veranlagung von Geld) werden verändert, ein durchgängiges E/Ö Leben ist aber schwierig. Die Finanzkrise ist ein derartiges Ereignis das das Umdenken beschleunigt.

Förderung durch den Kunden:

Projektabhängig würde eine niedrigere Rendite in Kauf genommen wenn die Verwendung stimmt. Transparenz in der Kostenstruktur des Produktes, der Vorteil muss beim Projekt auch wirklich ankommen und nicht bei der Bank hängen bleiben.

Auswertung Interview Kredit: Teilnehmer 07 / Kredit 04

Interviewpartner:

Männlich, 29, ledig, Unternehmer (Branche Lebensmittel)

Ethisch-ökologisch im Allgemeinen:

Leben von Werten im Gesellschaftlichen Umfeld; Ökologisches, ökonomisches und soziales Generationendenken

Ethisch-ökologisches Projekt:

Zahlreiche Investitionen in den Betrieb und die Mitarbeiter (im Einklang mit Ökonomie und Ökologie). Umwelt- und Ressourcenschonung, Einsparung von 100.000 Liter Diesel in der Logistik nur durch Optimierungen.

Veränderung im Lauf der Zeit:

Veränderungen durch das Studium (BWL, Schwerpunktkurse zu diesem Thema), nachhaltiges Denken geprägt durch die elterliche Landwirtschaft; geistige Reife mit steigendem Alter;

Anforderungen an die finanzierende Bank:

Die Bank/der Berater sollte das jeweilige gereifte Projekt und die Firma beurteilen und mittragen können. Die Bank hat dich Macht Innovationen zu ermöglichen. Die Geldherkunft ist prinzipiell egal, wenn es aber Gelder aus E/Ö-Sparkreislauf gibt, dann wird man dieses in Anspruch nehmen. Offensiver Umgang mit dem Thema ethisch-ökologisch um die Menschen dafür zu sensibilisieren.

Grund für die steigende Nachfrage:

Gesellschaftlicher Trend (weil es viele machen); Die Nachfrage aus der Gesellschaft nach „grünen Produkten" steigt und die Wirtschaft reagiert darauf. Der Konsument nutzt seine Marktmacht.

Spezialisierung notwendig?

Das Unternehmen das ein ethisch-ökologisches Projekt umsetzen möchte nimmt, im Idealfall, Experten in der Planung und Evaluierung in Anspruch. Der Berater in der Bank sollte nur mehr das Projekt beurteilen und das jeweilige Fachgebiet verstehen um die passende Finanzierung aufzustellen.

Förderungen durch den Staat:

Förderungen vom Staat stellen ein Anreizsystem dar und haben dadurch einen Lenkungseffekt. Wenn für ein Gebiet keine Förderung vorhanden ist, entscheidet ökonomisches Denken. Kleinere Projekt die E/Ö sind müssen sich nicht rechnen, diese werden nur wegen der Sinnhaftigkeit umgesetzt.

Förderungen durch die Bank:

Ordentliche Projektprüfung und schnelle Bewilligung bzw. Abwicklung. Bei Präsentationen sollte die finanzierende Bank hinter dem Projekt und der Firma stehen (z.B. Eröffnungen von Produktionen, Firmenfeiern, etc.). Das zeugt von Vertrauen in die Firma und dem Projekt sowohl nach innen (den Unternehmer, die Mitarbeiter) wie auch nach außen (Kunden, Lieferanten). Netzwerken zwischen Projektpartnern wäre denkbar (Empfehlungen von Firmen aus diesem Bereich).

Auswertung Interview Kredit: Teilnehmer 08 / Kredit 05

Interviewpartner:

Männlich, 57, verheiratet, 2 Kinder, Unternehmer (Branche Spielwaren), Manager

Ethisch-ökologisch im Allgemeinen:

Im Einklang mit der Umwelt - > Auswirkungen der eigenen Handlungen werden beobachtet. Werte in der Gesellschaft werden durch Normen ersetzt, für eine Öffnung der Gesellschaft sind aber Werte notwendig, Normen verschließen eine Gesellschaft und verhindern Vielfalt und Innovationen.

Ethisch-ökologisches Projekt:

Das Unternehmen stellt hohe Anforderungen an die Herstellung von Kinderspielzeug die die Produzenten einhalten müssen. Zum Schutz der Kinder die damit spielen, aber auch zum Schutz der Mitarbeiter die an den Produktionsmaschinen stehen (Arbeitsschutz, keine Kinderarbeit, etc.). Recycling und Mülltrennung ist ein weiterer wichtiger Bereich.

Veränderung im Lauf der Zeit:

Die allgemeine Sparsamkeit war vor 25 Jahre höher als heute. Dafür war das ökologische Denken nicht sehr stark ausgeprägt. Doch schon damals lehre einer seiner Prof. folgende Idee: „Wirtschafte – wirtschaftsgerecht – menschengerecht – gesellschaftsgerecht – umweltgerecht". Diese Reihenfolge wurde von einem kath. Theologen aufgestellt der auch erkannte das die Wirtschaft die Grundlage für unseren Wohlstand ist und der Ausgangspunkt für die Entwicklung der Gesellschaft und der Umwelt.

Anforderungen an die finanzierende Bank:

Ist ein Projekt profitabel wird es jede Bank finanzieren, unabhängig ob ethisch-ökologisch oder nicht. Fragwürdig wird es bei Projekten die sich nur schwer rechnen oder wo es knapp wird. Da könnte eine darauf spezialisierte Bank einen Vorteil haben.

Die ethisch-ökologische Ausrichtung ist nichts weiter als ein Marktsegment das besetzt und bearbeitet wird. Und wenn man als Bank die Möglichkeit hat, sollte man sich für eine ethisch-ökologische Spezialisierung einsetzen.

Grund für die steigende Nachfrage:
Der ethisch-ökologische Markt wird immer mehr forciert weil der Ausdruck in der Bevölkerung positiv besetzt ist. Aber letztlich bestimmt die Wirtschaftlichkeit ob und wie ein ethisch-ökologisches Projekt umgesetzt wird. Auch Förderungen spielen bei der Entwicklung eines Marktes eine Rolle.

Spezialisierung notwendig?
Eine Spezialisierung sollte auf Basis der 3 Fragen erfolgen: Rendite, Wachstum, Risiko. Wenn eine Bank diese Fragen bei einem ethisch-ökologischen Projekt sicher beantworten kann, ist sie in diesem Marktsegment Kompetent und kann auch größere Risiken bei ethisch-ökologischen Projektfinanzierungen verstehen und übernehmen.

Förderungen durch den Staat:
Zuschüsse sind für manche Projekte notwendig damit sie umgesetzt werden. Garantieübernahmen sind hierbei die schlechteste Wahl, sie beinhalten die Gefahr, dass sich der Kreditnehmer zurücklehnt. Der Staat wird generell mit den Ansprüchen der Gesellschaft überfordert, daher auch die Überschuldung der Staatshaushalte. Jeder sagt sich „Sparen ist notwendig, aber bitte nicht bei mir!". Maßvolle Förderungen sind aber nützlich und sinnvoll um Innovationen zu fördern.

Förderungen durch die Bank:
Die Welt braucht dieses Thema. Die Offensive Bewerbung durch die Bank, das man sich auf E/Ö-Themen spezialisiert hat, ist wieder ein weiterer Baustein um die Gesellschaft dafür zu sensibilisieren.

Auswertung Interview Veranlagung: Teilnehmer 09 / Spar 04

<u>Interviewpartner:</u>
Weiblich, 26, Lebensgemeinschaft, Produktmanagerin Backwaren

<u>Ethisch-ökologische Veranlagungen:</u>
Noch nie angeboten bekommen, keine Gedanken dazu gemacht. Würde aber zugreifen wenn ihr das Produkt zusagt und das dahinter stehende Projekt passt.

<u>Ethisch-ökologisch im Allgemeinen:</u>
Sozialprojekte fördern, Umwelt- und Ressourcenschonend arbeiten, nachhaltig im Umgang mit der Ökologie, Hauptaugenmerk auf die möglichst lange Nutzung eines Rohstoffs.

<u>Veränderung im Lauf der Zeit:</u>
Vor einigen Jahren noch kein Thema, Interesse mit dem Alter steigend. Steigender Bildungsgrad hebt das Interesse zusätzlich.

<u>Anforderungen an die Bank:</u>
Produkt muss glaubwürdig sein und nachvollziehbar wo und was investiert wird. Berater sollte über Hintergrundwissen für jeweilige Sparte verfügen. Es ist eine Grundsatzentscheidung ob man in diesen Bereich investiert oder bei konventionellen Sparformen bleibt. Wichtig ist Transparenz über die Veranlagung im Detail.
Eine Spezialabteilung in der Hausbank ist besser als der Markteintritt einer neuen „Ökobank", das Vertrauen ist bei der Hausbank bereits gegeben. Der Veranlagungsradius ist abhängig vom Schwerpunkt des Produktes (z.B. Mikrokredit in Entwicklungsländer und Windkraft im eigenen Bundesland).

Gründe für die Veranlagung:

Man kann damit etwas Gutes tun für Mensch und Umwelt. Viel Anleger-geld könnte den Markt in Richtung Nachhaltigkeit bewegen (der Einfluss wächst mit der Geldmenge). Imagewerbung für projektierende Firmen ist zu wenig, wichtig ist was hinter dem Projekt steckt und was damit für ein Ziel verfolgt wird.

Grund für die steigende Nachfrage:

Das Bewusstsein der Konsumenten wird auf „grün" getrimmt durch Wer-bung und Medien, der Trend kommt aus der Wirtschaft zum Konsumen-ten.

Man möchte damit die sinnvolle Verwendung des eigenen Geldes sicher-stellen wenn man in ethisch-ökologische Produkte investiert. Diese Art von Investment vermittelt mehr Sicherheit, bei konventionellen Finanzproduk-ten hat man oftmals das Gefühl einer willkürlichen Entwicklung ausgesetzt zu sein. Die Finanzkrise gilt als Beschleuniger für den Zulauf in derartige Veranlagungen.

Förderung durch den Kunden:

Ja zum Förderzinssatz, wenn das dahinterstehende Projekt stimmt. Ist genügend Geld vorhanden, könnte man damit ganze Projekte fördern an-statt nur eine Teilfinanzierung (analog Wohnbauförderung des Landes) zu gewähren.

Förderung durch Bank:

Ein Teil des Marketingbudgets sollte in Werbung für ethisch-ökologische Projekte fließen um dieses Marktsegment zu fördern.

Auswertung Interview Veranlagung: Teilnehmer 10 / Spar 05

<u>Interviewpartner</u>:

Männlich, 56, verheiratet, 2 Kinder, Gärtner

<u>Ethisch-ökologisch im Allgemeinen</u>:

Steht für Gerechtigkeit, Ausgeglichenheit, eine gute Entlohnung für gute Arbeit, dass man Leben kann von der eigenen Arbeit. Verwendung von Natur und Ressourcen und ohne Ausbeutung. Nachhaltigkeit und Erhaltung der Lebensräume und der Schutz der Tiere.

<u>Ethisch-ökologische Veranlagungen</u>:

Noch nichts in diese Richtung veranlagt. Nur überlegt und am vorhandenen Angebot gescheitert.

<u>Veränderung im Lauf der Zeit</u>:

Von Jugend an als wichtig empfunden. Nachhaltigkeit war schon immer wichtig, schon bevor es ein allgemeiner Trend wurde. Das Aufwachsen in der Natur war sicherlich der Ausgangspunkt. Das Interesse ist mit steigendem Alter gleich geblieben.

<u>Anforderungen an die Bank</u>:

Sehr hohes Vertrauen in die Bank und den Berater muss vorhanden sein. Es sollte keine Masche für Kundenfang sein, sprich kein konventionelles Sparprodukt das einfach „grün" eingefärbt wird. Wünschenswert wäre ein Rechenschaftsbericht der alle finanzierten ethisch-ökologische Projekte in einem Jahr auflistet, der von einer unabhängigen Stelle (z.B. Revisionsverband) bestätigt wird. Die Identifizierung des Beraters mit dem Thema ist wichtig, es ist Hintergrundwissen zum Veranlagungsprojekt notwendig um auch die Fragen des Anlegers beantworten zu können.

Gründe für die Veranlagung:

Eine sinnstiftende Verwendung des eigenen Geldes. Konsumenten nutzen ihre „Macht" um einen Markt nachhaltig zu verändern. Gerechtigkeit um eine solide Lebensgrundlage für alle in der Gesellschaft zu schaffen.

Grund für die steigende Nachfrage:

Starke negative Entwicklungen (z.B. Umweltverschmutzung, Gewinnmaximierung, Gier, Korruption, etc.) bewirken eine Gegenbewegung in die positive Richtung. Darum steigt bei vielen Menschen der Wunsch nach Veränderung. Es steigert in gewissem Maße das Gemeinschaftsgefühl wenn sich viele für diese Art von Veranlagung einsetzen.

Förderung durch den Kunden:

Einverstanden mit der Förderung wenn ein hohes Vertrauen in das Produkt und den Vermittler vorhanden ist. Die Förderung soll aber nicht den Gewinn des Unternehmens steigern, sondern dort eingesetzt werden wo sich Projekte nur schwer rechnen. Wünschenswert wären Exkursionen der Anleger zu den damit finanzierten ethisch-ökologischen Projekten (z.B. bei Eröffnungsfeiern, Tag der offenen Tür, etc.).

Eine offensive Bewerbung ist positiv für die Produkte und einer Förderung seitens der Bank (öffentliches Interesse steigern).

Antworten aus den Interviews

Was wird generell unter ethisch-ökologisch verstanden?

- Leben von Werten im Gesellschaftlichen Umfeld. Verhaltensregeln für „gut" und „schlecht" für jeden Einzelnen.
- Nicht alles tun was man kann, sondern das was richtig ist mit Rücksicht auf die Gesellschaft.
- Ökologisches, ökonomisches und soziales Generationendenken.
- Im Einklang mit der Umwelt, das heißt die Auswirkungen der eigenen Handlungen werden beobachtet.
- Es werden immer mehr Werte durch Normen ersetzt, dadurch verschließt sich die Gesellschaft. Um Sie wieder für Vielfalt und Innovationen zu öffnen wäre das genaue Gegenteil notwendig.
- Auf menschliche Bedürfnisse Rücksicht nehmen, es sollte für die Gesellschaft ein Nutzen entstehen, keine reine Gewinnmaximierung.
- Steht für Gerechtigkeit, Ausgeglichenheit und eine gute Entlohnung für gute Arbeit, so dass man auch von der eigenen Arbeit leben kann.

Veränderungen im Lauf der Zeit:

- Interesse in jungen Jahren bereits vorhanden und Steigerung mit dem Alter. Zusätzlicher Ansporn ist die Geburt der eigenen Kinder. Diese sollen auch noch eine Lebensgrundlage vorfinden.
- Die Schulbildung und ausgewählte Lehrer bzw. Professoren tragen ebenfalls zu einer stärkeren ethisch-ökologischen Ausprägung bei.
- Die Allgemeine Sparsamkeit was vor 25 Jahren höher als heute, dafür war das ökologische Denken damals nicht sehr ausgeprägt.
- Die subjektive Veränderung des Klimas spielt eine Rolle beim Umdenkprozess.
- Auch das Gegenteil ist der Fall, eine Teilnehmerin erzählte davon, dass der Höhepunkt ihres Interesses zwischen dem 20. und 30. Lebensjahr war.

Ab da ging das Interesse zurück wegen dem Gefühl das sich in der Gesellschaft zu wenig verändert, das große Umdenken findet für sie nicht statt.

Gründe für die steigende Nachfrage nach ethisch-ökologischen Finanzprodukten:

- Die steigende Informationsflut überfordert die Menschen, man vermutet gezielte marketingbezogene Nachrichten die jemanden dienlich sind. Es wird schwieriger die gewünschte Transparenz zu finden.
- Der Sinn wird wieder in moralisch richtigem Handeln und Ehrlichkeit gesucht. Das Geld soll für positive Dinge eingesetzt werden.
- Eine Gegenbewegung zu den großen Fällen von Finanzbetrug dem der kleine Sparer tatenlos zusehen muss.
- Die Nachfrage aus der Gesellschaft nach „grünen Produkten" steigt und die Wirtschaft reagiert darauf. Der Konsument nutzt seine Marktmacht.
- Viele Leute leben generell bewusster in manchen Lebensbereichen, so auch in der Geldanlage.
- Unbegrenztes Wachstum und endliche Ressourcen passen nicht zusammen.
- Diese Art von Investment vermittelt mehr Sicherheit, bei konventionellen Finanzprodukten hat man oftmals das Gefühl einer willkürlichen Entwicklung ausgesetzt zu sein.
- Starke negative Entwicklungen (wie z.B. Korruption, Umweltverschmutzung und Gier) bewirken eine Gegenbewegung in die positive Richtung.

Fragen zu ethisch-ökologischen Kreditvergaben:

g) Welche Anforderungen stellen Kreditnehmer eines ethisch-ökologischen Projekts an ihre Bank?

- Das Geld für eine ethisch-ökologische Finanzierung sollte aus einem eigenen Sparkreislauf kommen.
- Die Beziehung des Kunden zum Berater sollte eine gewisse Tiefe erreichen um eine langfristige Basis für die Zusammenarbeit zu haben.
- Regionalität gilt bei ethisch-ökologischen Projekten auch bei der Geldherkunft.
- Projekte die nicht mehr überleben können, nicht künstlich am Leben halten, sondern einen Schlussstrich ziehen.
- Produktgestaltung nach dem Grundsatz: „Would you buy it?"
  Also sich selbst die Frage stellen ob man das Produkt selber annehmen würde oder ob man noch etwas verbessern könnte.
- Die ethisch-ökologische Ausrichtung ist ein Marktsegment das besetzt und bearbeitet wird. Und wenn man als Bank die Möglichkeit hat zu wählen, sollte man sich für eine ethisch-ökologische Spezialisierung einsetzen.

h) Wenden sich Kunden die ein ethisch-ökologisches Projekt finanzieren möchten, an ein darauf spezialisiertes Kreditinstitut?

- Eine eigene Bank ist dafür nicht notwendig, allerdings wäre eine darauf spezialisierte Abteilung wünschenswert.
- Erster Ansprechpartner bleibt der persönliche Kundenbetreuer, dieser leitet im Bedarfsfall an den Spezialisten weiter.
- Eine Bank bzw. der Berater muss derartige Projekte verstehen und einschätzen können. Ohne Know How geht es nur um die Rendite um das Risiko abzubilden.
- Eine Spezialisierung sollte auf Basis der 3 Fragen erfolgen: Rendite, Wachstum, Risiko. Wenn eine Bank diese Fragen bei einem ethisch-ökologischen Projekt sicher beantworten kann, ist sie in

diesem Marktsegment kompetent und kann auch größere Risiken bei Projektfinanzierungen verstehen und übernehmen.

i) Welche Rolle spielen Förderungen von Staat und Bank für den Kreditnehmer?

Staat:

- Sinnvoll und nützlich, gleichzeitig aber sehr bürokratisch, mit hohem Aufwand verbunden und eine Spielwiese der Politik.
- Nicht ausschlaggebend um im ethisch-ökologischen Bereich tätig zu werden. Diese Projekte sollten sich auch ohne rentieren.
- Die Gefahr ist eher das ein Projekt nur realisiert wird weil es dafür Förderungen gibt.
- Schlecht durchdachte Förderungen können einen Markt in der Preisbildung und letztlich in der Versorgung behindern (z.B. Stichtagsbezogene Zählungen lösen große Einlagerungen aus und anschließend verfällt der Preis wegen eines Überangebots).
- Kleinere ethisch-ökologische Projekte müssen sich nicht rechnen, diese werden nur wegen der Sinnhaftigkeit umgesetzt.
- Der Staat wird mit den Ansprüchen der Gesellschaft überfordert. Jeder sagt sich: „Sparen ist notwendig, aber bitte nicht bei mir!"
- Maßvolle Förderungen sind nützlich und sinnvoll um Innovationen zu fördern.

Bank:

- Netzwerktätigkeit um Kunden zusammenzuführen die sich gegenseitig unterstützen können.
- Entwicklung von Produkten die Geld für ethisch-ökologische Projekte einsammeln.
- Die Bank kann durch Transparenz nachweisen wo das Geld herkommt und wohin es geflossen ist. Dadurch könnte sich der Sparer auch darauf besinnen in der Region einzukaufen um damit eventuell sein eigenes Investment zu fördern.

- Offensives Marketing für ethisch-ökologische Sparprodukte um genügend Geld zur Verfügung stellen zu können.
- Die Bank fördert auch durch eine ordentliche Projektprüfung und eine schnell Bewilligung bzw. Abwicklung.

- Bei einer evt. Präsentation sollte die finanzierende Bank hinter dem Projekt und der Firma stehen (z.B. Eröffnungen von Produktionen, Firmenfeiern, etc.) Das zeugt von Vertrauen in die Firma und das Projekt.

Fragen zu ethisch-ökologischen Veranlagungen:

j) Welche Anforderungen stellen Kunden einer ethisch-ökologischen Veranlagung an ihre Bank?

- Produkte kennzeichnen sich durch Investitionen in erneuerbare Energien, Umweltschutz, Förderung der Gesellschaft usw.
- Auswahl der Veranlagung durch Ausschlusskriterien „Gut" und „Böse". Das Investment muss sowohl die guten Kriterien, wie Umweltschutz oder Gesellschaftlicher Nutzen, erfüllen als auch die schlechten Kriterien, wie Waffenhandel, Ausbeuten oder Kinderarbeit, vermeiden.
- Sehr hohes Vertrauen in die Bank und den Berater muss vorhanden sein. Es sollte keine Masche für Kundenfang sein, also kein konventionelles Sparprodukt das einfach „grün" eingefärbt wird. Wünschenswert wäre ein Rechenschaftsbericht der alle finanzierten ethisch-ökologischen Projekte in einem Jahr auflistet, der von einer unabhängigen Stelle (z.B. Revisionsverband) bestätigt wird.
- Das Geld sollte möglichst direkt bei den Investoren ankommen ohne viele Zwischenstationen die Kosten verursachen.
- 1-2 Produkte nur für das gute Gewissen der Bank sind zu wenig. Gefragt ist ein wohl überlegtes Angebot, ein guter Mix verschiedener ethisch-ökologischer Investmentmöglichkeiten.

- Man sollte eine eigene Abteilung einrichten und diese ausbauen wenn das notwendige Vertrauen und die Nachfrage der Kunden vorhanden sind.
- Keine Maximale Rendite notwendig, viel wichtiger ist die sinnstiftende Verwendung.
- Die Produkte sollten nicht zu breit aufgestellt sein, sondern in wenige Bereiche investieren, so dass die Übersicht für den Sparer gewahrt bleibt.
- Hintergrundwissen und Interesse des Beraters im ethisch-ökologischen Bereich und Fachwissen über ethisch-ökologische Veranlagungen.
- Wünschenswert wären Exkursionen der Anleger zu den damit finanzierten Projekten (z.B. bei Eröffnungsfeiern oder Tag der offenen Tür).

k) Was sind die Gründe sich für ein ethisch-ökologisches Investment zu entscheiden?

- Durch die bewusste Veranlagung des eigenen Geldes möchte man aufzeigen das es möglich ist im Einklang mit der Gesellschaft und der Umwelt zu produzieren, egal ob Lebensmittel, Energie oder Konsumartikel.
- Die konventionelle Industrie soll erkennen, dass es auch anders geht. Viel Anlegergeld könnte den Markt in Richtung Nachhaltigkeit bewegen (der Einfluss wächst mit der Geldmenge).
- Die eigenen gelebten Werte werden auch auf das Sparprodukt umgelegt. Nicht nur wissen was ethisch-ökologisch heißt, sondern auch danach handeln.
- Die Notwendigkeit die Förderung von erneuerbaren Energien als Investment zu unterstützen.
- Transparenz über die Detailveranlagung, viele Anbieter liefern einen Rechenschaftsbericht zu den veranlagten Geldern.
- Regionale Investments die in ethisch-ökologische Projekte im eigenen Bezirk oder Bundesland investieren, werden bevorzugt.

l) Nimmt der Kunde zugunsten von ethisch-ökologischen Veranlagungen eine niedrigere Rendite in Kauf, wenn er damit die Projekte fördert?

- Ja, wenn offen gelegt wird was damit gefördert wird. Das Gegenteil ist der Fall wenn eine zu hohe Rendite versprochen wird für ein sinnvolles Investment, davon sollte man Abstand nehmen, entweder ist das Risiko unüberschaubar oder es wird jemand „über den Tisch gezogen".

- Ja, aber eine Förderung des Zinssatzes durch die Bank wäre genau zu überlegen, es muss auch die finanzierende Bank überleben.

- Ja, kommt aber auf das jeweilige Projekt an. Für ein von vornherein profitables Investment nicht sinnvoll. Transparenz in der Kostenstruktur des Produkte wichtig, der Vorteil muss auch wirklich beim Kreditnehmer ankommen und nicht bei der Bank hängen bleiben.

- Ja, zum Förderzinssatz. Sind genügend Spargelder vorhanden, könnte man damit ganze Projekte fördern oder auch nur eine Teilfinanzierung (analog Wohnbauförderung des Landes) gewähren.

- Ja, die Förderung soll aber nicht dazu dienen den Gewinn des Unternehmens zu steigern, sondern dort eingesetzt werden wo sich Projekte nur schwer rechnen.